Gabu Heindl, Drehli Robnik

Nonsolution: Zur Politik der aktiven Nichtlösung im Planen und Bauen

adocs

Inhalt

Looking at me like a problem to solve

Sleater-Kinney: "Untidy Creature", 2024

They all claim that they have 'the Answer'
When they don't even know the questions

Dead Kennedys: "Religious Vomit", 1981

If we know all we say we know about the problems
Why can't we do something to try and solve them?

Gil Scott-Heron: "Save the Children", 1971

Nichts als Lösungen – das Problem des *solutionism*

Nicht Krise, sondern Polykrise prägt unsere Gegenwart: die ökologische Krise, also die Klimakatastrophe; die soziale Krise, also die Verschärfung der Ungleichheit in der (Ver-)Teilung von Reichtum und Arbeit; nicht zu vergessen die Krise der Demokratie angesichts rechtspopulistischer oder nationalautoritärer Mobilisierungen. Manche Krise bedeutet allerdings auch keine Dysfunktion, sondern den Normalmodus systemischer Abläufe; so etwa die Wohnungskrise: Die Verknappung von Wohnraum perfektioniert einige Dynamiken kapitalistischer Vermarktung und Finanzialisierung.[1]

Wir wollen uns hier allerdings weniger zu Krisen äußern als zu Gerechtigkeitsfragen und zu Politik. Der durch krisenbedingte Problemlagen hervorgerufene Zeitdruck besteht zweifellos, ist nicht eingebildet; aber Ideologie und (Selbst-)Täuschung liegen vor, wo dieser Zeitdruck zur Legitimation von Lösungen dienen soll, die als alternativlos dastehen – und bei denen etwa außer Acht bleibt, wer von ihnen profitiert und wer keineswegs profitiert. Auch in diesem Zusammenhang fungiert ‚die Krise' als eine – weitere – Option zur Maximierung privater Gewinne (bei allfälliger ‚Vergesellschaftung' von Verlusten). Notorisch ist dabei die Umwandlung der Lösung in eine Losung, eine Slogan-Formel, durch die sie zum unhinterfragbaren Allheilmittel wird. Das betrifft exemplarisch die aktuelle Forderung ‚Bauen! Bauen! Bauen!' – von neuem Wohnraum nämlich – als Universallösung des Problems Wohnungsnot, das *als Problem* wohl schon falsch gestellt ist. Denn diese Lösung bringt Investor:innen und deren Unterstützer:innen Optionen für Spatenstich-Bilder in ‚Macher'-Posen; sie bringt ihr Maß an fetischisiertem ‚Wachstum', bringt

1 „Homelessness exists not because the system is failing to work as it should, but because the system is working as it must", Peter Marcuse, „Neutralizing Homelessness", *Socialist Review* 88/1, 1988, S. 93.

damit mehr ökologische Zerstörung, Zersiedelung, Versiegelung und motorisierten Verkehr; sie reduziert aber kaum jemals die Obdachlosigkeit in Ballungsräumen, solange dieser neue Wohnraum zu Gewinnzwecken errichtet und daher für die meisten Nutzer:innen schlicht nicht bezahlbar ist.

Wie ein Problem erfasst, wie es als solches konstituiert wird, und zwar letztlich von der Lösung her, einer Lösung, bei der „ein Bau" herauskommen *muss* – das formuliert der Soziologe Lucius Burckhardt schon um 1980 als ein gesellschaftliches Problem, auch als ein Problem der politischen Wahrnehmung. Zur „Gebäudezerstörung", Zerstörung auch von bewohnbarem Bestand, trage, so Burckhardt, die „Wohnbauförderung" bei: „Denn sie ist, wie ihr Name sagt, nicht eine Wohnförderung, sondern eben eine Bauförderung." Im Unterschied zu demokratisch komplexen Strategien „ist ein Bau in der Regel durchführbar", denn „die Befehlsketten werden einfacher".[2] Neues zu bauen ist die einfachste Lösung, aber oft die problematischste. Diese Kritik ist heute noch relevanter – angesichts der Klimakatastrophe sowie unter Bedingungen verschärfter spätneoliberaler Deregulierung, die als Königsweg zur Lösung betrachtet wird: In der aktuellen deutschen Wohnungskrise, die als ein Mangel an Neubauten benannt und somit verkannt wird, gibt es seitens der Bundesregierung Bestrebungen, den Wohnungsneubau zu beschleunigen und kostengünstiger zu machen, etwa mittels eines Bau-Turbo-Paragrafen. Solch deregulierende Lösungsvorschläge bieten der Bauwirtschaft Gelegenheit, ökologische und soziale Errungenschaften über Bord zu werfen, als da sind: Öffentlichkeitsbeteili-

2 Lucius Burckhardt, *Der kleinstmögliche Eingriff*, Berlin 2013, S. 36, 64. Burckhardts Problemkonstitution ist „linguistischer Natur" (vgl. heute den Notstandsdiskurs über ‚Rückstand beim Wohnungsneubau'): In der „Benennung" von „Übelstände[n]" als „politische[s] Thema" steckt „schon das, was man die ‚Lösung' nennt, nämlich das Rezept zur Abhilfe. Dieser Prozess […] tendiert […] schon auf eine bestimmte, nämlich sichtbare Art der Abhilfe, nämlich auf einen Bau." (Ebd., S. 35.)

gung, Vorgaben zur Nutzungsmischung und Schaffung sozialer Einrichtungen, Auflagen für ökologische Ausgleichsmaßnahmen, Quoten für sozialen Wohnungsbau und Mietpreisbindungen. Ultimativ fungiert so ein Bau-Turbo, da auch Grund und Boden der Marktlogik unterliegen, als ein (Boden-)Spekulations-Turbo. Und er trägt dazu bei, dass jene Art von erniedrigendem Wohnraum, wie sie im *Sommer der Migration* 2015 in Form von Geflüchtetenunterkünften in Massen-Billigproduktion erprobt wurde, zu einem Modell für den heute ausgerufenen Krisen-Wohnbau wird: Niedrigqualitäts-Modulbauweise avanciert zur bevorzugten Antwort auf Wohnungsnot. Diese Formen der Problemlösung tragen nicht zuletzt dazu bei, zu vermeiden, dass Leerstände aktiviert oder große Wohnbauunternehmen in die Pflicht genommen, dass Flächensteuer, Mietenregulierung und Spekulationsbegrenzung als Handlungsalternativen öffentlich diskutiert werden. Unser Buch problematisiert das Pathos, Propagieren und Praktizieren von Lösungen; somit auch Diskurse und Anwendungen, durch die Lösungen *reduziert* werden: nämlich auf die jeweils immer schon für sie als gegeben bereitstehenden Mittel (das Phänomen, dass dem Hammer jedes Problem als Nagel und Hämmern als einzige Lösung erscheint). Vor allem aber und darüber hinaus werden Lösungen reduziert – im Sinn von zurückgeführt wie auch *verkürzt* – auf den Beibehalt jeweils gegebener, vorgegebener, Eigentums- und Herrschaftsverhältnisse. Darauf, zumal auf technizistische und neoliberale Reduktionen, bezieht sich der kritische Begriff *solutionism*. Eine reflexionslose Lösungsversessenheit schlägt sich im Planen und Bauen nieder, sie bestimmt aber auch das Sprechen und Handeln in Sachen Klimakatastrophe und notwendiger ökologischer Transformation.[3]

3 Für den technologieskeptischen Publizisten Evgeny Morozov entstammt *solutionism* (das Wort gebraucht er zu Recht abwertend) vor allem dem Architekturdiskurs. In seiner Studie über gesamtgesellschaftlichen *solutionism* hebt er

Degrowth ist in (post-)industriellen Ländern ein wichtiges Konzept, das Wachstum grundlegend hinterfragt. Ein Fall von Öko-*solutionism* ist es allerdings, wenn Bildungsmilieus in Reichtumszonen Minus-Wachstum als Globallösung für den Klimaschutz verordnen, und zwar auch für Menschen und Regionen, die gerade erst beginnen, an den Vorteilen, die Wirtschaftswachstum eben *auch* mit sich bringt, ein wenig teilzuhaben, und die für die Klimakatastrophe am wenigsten verantwortlich sind. Auch bei Lösungsvorschlägen, die weniger weit gehen als diese Forderung, tritt *solutionism* oft an die Stelle politischer Auseinandersetzung (etwa an die Stelle des Kampfes um Klimagerechtigkeit, gegen Extraktivismus und neokoloniale Ausbeutung). Das geschieht nicht zuletzt in Form von „best practice urban solutionism", wie ihn weltweit aktive philanthropische Stiftungen und die Weltbank – die sich seit gut zehn Jahren nicht mehr nur als „knowledge bank", sondern als „solutions bank" definiert – im Rahmen der UN-Nachhaltigkeitsziele unterstützen. Es kommt so zum mehrfachen globalen Export lokaler Problemlösungen, samt ihrer Finanzierungsmodelle, in andere Städte, meist ohne Prüfung lokaler Alternativen.[4]

Solch ein Export der „‚sauberen Lösung'" als „vollkommene Lösung" mit „Modellcharakter", im Glauben „an die allgemeine Anwendbarkeit von Regeln", findet sich schon bei Burckhardt kritisiert.[5] Von schlichtweg „false solutions" schreibt heute Mario

die euphorische Fixierung auf Internet-Anwendungen und algorithmenbasierte Lösungsansätze ebenso hervor wie eine libertäre, techno-eskapistische Freiheitsauffassung. Vgl. Evgeny Morozov, *To Save Everything, Click Here: The Folly of Technological Solutionism*, New York 2013, S. 5 f., 16, 75, 129 f.

4 Etwa wenn das ausgebaute (und selbst vor Ort durchaus umstrittene) Bussystem von Bogotá als Best-Practice-Rezept exportiert wird, ohne zu prüfen, ob nicht zum Beispiel in so mancher Metropole ein U-Bahn-Ausbau sinnvoller wäre. Vgl. Sergio Montero, „Leveraging Bogotá: Sustainable Development, Global Philanthropy and the Rise of Urban Solutionism", *Urban Studies*, 57 (2020), 11.

5 Vgl. Burckhardt, *Der kleinstmögliche Eingriff*, S. 153, 169.

Candeias mit Blick darauf, wie der Green Capitalism der Klimakatastrophe begegnet, nämlich indem er „ohne Veränderung der Produktlogik" auskommen und „eine Modernisierung ohne Pfadwechsel" weitertreiben möchte.[6] Ökologischer *solutionism* setzt auf *quick fixes*, die angeblich alles direkt zum Besseren wenden, oder auf *techno-fixes*, durch die alles ewig gleich bleiben kann (etwa CO_2-Abscheidung und -Speicherung, die bedrohte Fossilenergie-Lifestyles retten sollen). Oder er setzt auf grüne Investitionen, durch die vieles mehr wert sein wird: Lokale *climate solutions* und ökologische Verbesserungen bedeuten nicht zuletzt, dass bestimmte Grundstücks-Marktwerte und *property values* steigen, dass es dort zu Gentrifizierung kommt und dass jene, die es sich auch zuvor schon leisten konnten, einmal mehr noch ein wenig schöner – nun eben grüner – leben werden. Ein ähnliches Bild von Öko-*solutionism*, der gesellschaftliche Verteilungs- und (Handlungs-)Machtverhältnisse ausblendet, bieten die mit Förderung der öffentlichen Hand errichteten Fotovoltaik-Anlagen auf Privatgrundstücken oder -dächern – wo doch Grund und Boden wie auch Solarenergie im Horizont kollektiver Teilungen gedacht werden müssten.

Ein Fall von eklatantem Greenwashing bzw. Green Labelling – der allerdings in Teilen der Architekturszene einiges an technophil und formalistisch gefärbter Anerkennung erfährt – ist *The Line*, ein Megacity-Projekt für globale Besitzeliten, die in das Projekt in der saudi-arabischen Wüste investieren: Es sei 100% ökologisch, weil ganz ohne CO_2-Emissionen, heißt es (und die Verkehrserschließung der Stadt, ihre Erbauung und die Entsorgung der dabei erwartungsgemäß versterbenden Niedriglohnarbeitskräfte werden wohl ebenfalls schadstofffrei erfolgen). Nicht die mit „imperialer Lebensweise" (Ulrich Brand, Markus

6 Vgl. Mario Candeias, „Szenarien grüner Transformation", in: Michael Brie (Hg.), *Futuring. Perspektiven der Transformation im Kapitalismus über ihn hinaus*, Münster 2014, S. 113, 310 f.

Wissen) und Herrschaft verflochtene gigantische Reichtumskonzentration, wie sie sich *along The Line* entfaltet, auch nicht gesellschaftliches Handeln, das stets Verhandeln ist – nein, die Natur selbst gilt neuerdings als die Grundlage von *green capitalist solutionism*, zumindest im Trendsetting der EU-Kommission in Sachen *nature-based solutions*: Diese sind, heißt es, „actions which are inspired by, supported by or copied from nature".[7]

Problemlösungsvorschläge der solutionistischen Art bringen allerdings ein Dilemma mit sich: Sie geradewegs abzulehnen oder etwa einen Green New Deal als irrelevant zu boykottieren, birgt stets das Risiko, sich jenen gesellschaftlichen und politischen Positionen anzunähern, die diesen hoheitlich verordneten Deal aus reaktionären Motiven außer Kraft gesetzt haben wollen. (Und prompt wurde aus dem Green New Deal ein Clean Industrial Deal, wie die EU ihre Wirtschaftsagenda seit Juli 2024 nennt.) Leugnung der ökologischen Katastrophe, Verteidigung des Grundrechts auf Autobenzinverbrennung, Kampagnen gegen „Klima-Diktatur", Hetze gegen Grüne – diese Agenden der konservativen und nationalistischen Rechten sind, *needless to say*, nicht die Standpunkte, von denen aus wir Öko-*solutionism* infrage stellen. Die Art von Geiselhaft, in die Letzterer das Denken und Handeln oft nimmt, als gäbe es nur wirtschaftsliberal vordefinierte Lösungen oder aber eine pauschale Leugnung des Gesamtproblems, auch diese Scheinalternative lehnen wir ab. Sinnvolles Handeln in Problemzusammenhängen findet gegen dieses falsche Entweder-Oder und jenseits davon statt, und Formen solchen Handelns gilt unser Buch.

Die Wohnungsfrage ist eng mit Fragen des Öko-*solutionism* verknüpft, wenn es nämlich um Szenarien der Reduktion von

7 Vgl. European Commission, *Towards an EU Research and Innovation policy agenda for Nature-Based Solutions & Re-Naturing Cities*, 2015: https://www.greenpolicyplatform.org/sites/default/files/downloads/resource/Guarnacci_Nature-Based%20Solutions.pdf

Lösungsimpulsen auf gegebene Aufteilungen geht, zumal auf Verknappungen von Raum und anderen Ressourcen der gesellschaftlichen Natur. Lösungen finden also in Reduktion auf gegebene Macht- und Besitzverhältnisse statt, die als alternativlos dargestellt werden. Aufschlussreich ist hier die kritische Sichtweise von Giancarlo De Carlo auf frühe architektonische Anstrengungen zur Frage der „Wohnung für das Existenzminimum", wie sie auf dem Frankfurter CIAM-Kongress 1929 erörtert und in Entwurfsparameter überführt wurden: De Carlos Kritik zielt auf das Ausmaß, in dem innovative Kreativität und planerische Energie sich ganz darauf konzentrierten, möglichst kleine Wohneinheiten in möglichst großer Zahl in neue Wohnhäuser zu zwängen – auf dem engen Raum, den die private Aneignung dem öffentlichen Bauen lässt.[8] Ein Fall von instrumentalistischer, eben solutionistischer Fixierung auf *Wie*-Fragen – einfallsreiche Lösungen, wie sich der Raum, den Stadt und Kapital den Nichtbesitzenden zugestehen, weiter minimieren lässt – auf Kosten relevanter *Was*-Fragen, die dem gelten könnten, *was* hier eigentlich geplant wird, wer davon jeweils profitiert oder aber Schaden hat. Die Kritik am *Planen fürs Existenzminimum* gewinnt heute an Dringlichkeit etwa angesichts propagierter Suffizienz-Forderungen und, wie es so heißt, ‚kreativ gelöster' Formen von *tiny housing* – ein „Schöner und enger Wohnen", das de facto dem Immobilien-Kapital mehr Investment-Spielraum gibt. In Gleichklang mit dem Öko-*solutionism* werden Tiny Houses als Errungenschaft in Sachen Verkleinerung des notorischen ökologischen Fußabdrucks sowie als hipper Lifestyle verkauft. Solche Individualisierung blendet einiges aus – allein schon die exklusive Beschränkung auf ans Kleine ‚anpassbare', meist junge Nutzer:innengruppen sowie die Infrastruktur-Problematik für kleine Häuschen, die ‚auf der

8 Giancarlo De Carlo „Architecture's public" [1970], in: Peter Blundell-Jones, Doina Petrescu, Jeremy Till (Hg.), *Architecture and Participation*, New York 2005, S. 8.

grünen Wiese' neu errichtet werden (und ohnehin meist Zweitwohnsitze sind).

Unser Buch hingegen sieht Sinn im Massenhaften. Und votiert gegen die solutionistische Reduktion: gegen Reduktion von soziopolitischen Fragen – zumal Fragen nach Gerechtigkeit – auf technisches *How-to* (innerhalb der gegebenen ungerechten Ordnung); gegen Reduktion von Problemen auf Lösungsroutinen und auf ‚Sachzwänge', in denen sich ‚Gesetze' der Marktwirtschaft manifestieren und zugleich kaschieren (und zunehmend auch Phobien auf Grundlage nationaler ‚Identität'). Dem gegenüber halten wir daran fest, dass in den Beziehungen zwischen Problemen und Lösungen *Neues* ins Spiel kommt – in einem starken Sinn: als etwas, das nicht aus seinen Vorbedingungen ableitbar, nicht auf das Gegebene rückführbar ist (wiewohl dieses Neue seine Geschichte hat, aber eine andere als die Erfolgs-‚Narrative' der Gegenwarts-Mächte). Dieses Neue, das *nicht vorhergesehen* und *nicht vorgesehen* ist (Ersteres mit einem Wissens-, Letzteres mit einem politischen Akzent), wird uns im Verlauf dieses Buchs im Konzept der *Masse* als einer nicht ausdefinierten gesellschaftlichen Agentur und Planungsreferenz begegnen (siehe S. 23 ff.).

Das irreduzibel Neue (mit Pathos gesagt: das Ereignis), das zwischen Problem und Lösung auftritt, das vielmehr in ebendieser Beziehung zwischen Problem und Lösung besteht – davon spricht in den 1960er Jahren Gilles Deleuze im Rahmen seiner Philosophie, die ganz dem Nicht-Reduzierbaren gilt: dem, was (sich) unterscheidet, der Differenz. Er verwendet dabei zweimal dasselbe Marx-Zitat in einer für unser Buch signifikanten Spannung (bzw. Differenz). So schreibt er über die Gesellschaftstheorie des strukturalistischen Marxismus: „[D]as ‚Ökonomische' [ist] niemals im eigentlichen Sinne gegeben, es bezeichnet vielmehr [...] ein Thema, ein ‚Problematisches', das stets durch seine Lösungsfälle überdeckt wird. Kurz, das Ökonomische ist [...] die Gesamtheit der Probleme, die sich einer gegebenen Gesellschaft stellen [...]. Der berühmte Satz [von Marx, G. H. / D. R.] aus *Zur Kritik der politischen Ökonomie* – ‚Die Menschheit [stellt sich] immer Aufgaben, die sie lösen kann' – bedeutet nicht, daß die Probleme bloß Schein oder bereits gelöst seien, sondern im Gegenteil, daß die ökonomischen Bedingungen des Problems die Art und Weise bestimmen oder erzeugen, wie es im Rahmen der realen Relationen einer Gesellschaft seine Lösungen findet." Das sei, so Deleuze, kein Grund für Optimismus, denn diese gesellschaftlichen „Lösungen" im Lauf der Geschichte seien von Dummheit und Grausamkeit geprägt, bis hin zu Kriegen und zum Holocaust. „[D]ie Lösung [ist] stets diejenige, die eine Gesellschaft verdient [...] je nach Art und Weise, wie sie [...] die Probleme zu stellen vermochte".[9]

Auch wir gehen im Folgenden davon aus, dass die ökonomische Dimension des Gesellschaftlichen, das Kapitalverhältnis, etwas ist, das in den meisten Lösungsansätzen, zumal im *solutionism*, als Problem falsch gestellt ist, nämlich nicht

9 Gilles Deleuze, *Differenz und Wiederholung* [1968], München 1992, S. 238. – Eine Position, die unserer vergleichbar ist, bezieht Iris Dzudzek: Sie kritisiert, wie experimentelle Konzepte von urbanem Wissen solutionistisch in neoliberale Smart-City-Modelle umgewandelt werden. Ihr Zugang zur „Problematisierung" – als kritischer Bestimmung von Problemen dahingehend, wie diese in einem Macht-Wissens-Konnex wirksam werden – orientiert sich (Deleuze nicht fernstehend) an Michel Foucault. Das Unvorhergesehen-Neue, auf das es im Stellen von Problemen ankommt, fasst Dzudzek als qualitative demokratische Erweiterung; und zwar in einer Argumentation, die das technizistisch reduzierte, nur vordergründig pragmatische Moment von Lösungen an einen demokratischen Praxis-Horizont bindet: Die „Offenlegung von Machtverhältnissen, der Verweis darauf, für wen hier gerade Lösungen produziert werden und wer dabei ggf. außen vor bleibt, diese Problematisierung ist wichtiger als die Lösung selbst." Iris Dzudzek, „Die ‚Lösung des Problems' oder das ‚Problem der Lösung'? Eine kritische Betrachtung transdisziplinärer urbaner Labore und Experimente", *Geographische Zeitschrift* 112, 1/2024 (DOI 10.25162/gz-2024-0005), S. 45 f. – Zur Kritik an Diskurs und Praxis der Smart City vgl. Gabu Heindl, Drehli Robnik, „Smart City, was sonst? Aber wie und für wen? Ein neues Label für denselben alten Wettbewerb", *Augustin* 419, 2016, https://www.academia.edu/28749543

radikal als Waren-, Besitz- und Ausbeutungsverhältnis, somit als ungerecht, adressiert ist, sondern durch diese Lösungen verdeckt bleibt und reproduziert wird. Aber hängen wir damit nicht einem Ökonomismus an, der sagt, das Kapitalverhältnis ist der Universalschlüssel, das Ur-Problem, gegenüber dem alles andere bloße Ableitungen ohne Eigenwert sind (‚Reflexe', ‚Nebenwidersprüche' und was der Jargon sonst benennt)? Nein. Dies gesagt mit der anderen auf Marx rekurrierenden – und optimistischeren – Deleuze-Stelle zu Problem und Lösung: Das Neue entsteht im Stellen der Probleme, das die Aktualisierungen dieser Virtualität als Lösungen ermöglicht. Deleuze beschreibt es so: Die im Verstandesgebrauch gängigen „Ordnungsvorstellungen ‚liefern' uns die Problemstellungen fix und fertig, quasi verwaltungstechnisch in Schubladen sortiert. Ohne dass uns dabei viel Spielraum gelassen würde, wird von uns verlangt, sie zu ‚lösen'. [... D]er Herr Lehrer stellt die Probleme, dem Schüler kommt die Aufgabe zu, die Lösungen zu finden." Aber: „Die wahre Freiheit liegt [...] darin, schon die Probleme selbst zu stellen", in der Art der „Marxschen Formel [...], wonach im Feld der Praxis gilt: ‚Die Menschheit stellt sich immer nur die Aufgaben, die sie zu lösen im Stande ist.' [... D]as Problem wird immer die Lösung finden, die es verdient."[10] Die Freiheit liegt im Stellen der Probleme. Diese riskante Freiheit ist kein Sinnbild, sondern unmittelbar politisch. Sie kollidiert mit herrschenden Ordnungen, Besitzständen, Interessen. Oder, in Burckhardts Worten, mit dem „Gesamtplan"-haften Denken, das darauf beharrt, „dass Rechnungen aufgehen, dass Probleme sich lösen lassen ohne Rest".[11] Am Rest ist uns gelegen; er ist strittige Materie und Lücke in dem, was geschlossen und vollständig sein will; er ist, was bleibt, zu denken gibt, zu tun ist, wenn behauptet wird, das Problem sei gelöst.

10 Gilles Deleuze, *Bergson zur Einführung* [1966], Hamburg 1989, S. 26 f.

11 Burckhardt, *Der kleinstmögliche Eingriff*, S. 10.

Wir beziehen diese Position unter dem Namen *nonsolution*. Kurz als Teaser gesagt, ist eine *nonsolution* eine Lösung, die ihren im Kontext begründeten und insofern ihr innewohnenden Widerspruch mit zur Geltung bringt. *Nonsolution* ist eine Lösung, die ihre Strittigkeit mit in den Raum stellt. Eine Lösung, die sehr wohl eine ist, allerdings, indem sie ebendies beeinsprucht und so dem Problem die Treue hält. Zugleich ist *nonsolution* eine Denkweise, Zwischenform von Paradox und Dialektik. Wenn das Wort *nonsolution* seltsam klingt (weil es englisch ist? *not really!*), dann ist das doch gut. Woher es kommt, was es heißen kann, darum geht es im Folgenden. Vorausgeschickt sei, dass wir *nonsolution* als *Begriff* verwenden; und das heißt, nicht als korrekt auf ein Objekt zu klebendes Etikett, nicht als etwas, dessen Definition ins Lexikon gehört, sondern als eine Rangierzone, die einen Raum für Argumentationen eröffnet: für konzeptuelle Operationen mit praktischen Konsequenzen im Denken, mit theoretischen Konsequenzen fürs Handeln. Es geht beim Begriff *nonsolution* nicht um Erkenntnis- und Wissensfragen als solche, sondern im Rahmen von Perspektivierungen und Positionierungen – von Haltungen im Gesellschaftlichen, von politischer Orientierung. In Richtung einer Politik im Sinn von Herrschaftskritik und egalitaristischen Gerechtigkeits-Forderungen; dort spielt die Musik.

Aus der Musik bzw. drei Songtexten stammen die Motti am Beginn unseres Buches. Sie stehen für eine Bewegung: von einer Kritik am obsessiven Problem-Lösen-Wollen (Sleater-Kinney) und am Pathos von Antworten, in denen die Fragen verschwinden (Dead Kennedys), hin zum notwendigen Beharren, dass sich das Beantworten von Fragen, Lösen von Problemen, auch nicht einfach verwerfen lässt (Gil Scott-Heron). *Nonsolution* meint dezidiert nicht, dass es Lösungen nicht braucht und Probleme nicht gibt, sondern heißt: Einspruch gegen die verordnete Lösung, Wiederaufnahme des Problematisierens. Als Haltung umfasst *nonsolution* auch ein Lernen, nicht aufzugeben, sondern dranzu bleiben – dranzubleiben am Arbeiten an Lösungen wie auch an deren Infragestellung bis hin zum Nichtgeltenlassen und zur Kritik an *solutionism* als Ideologie. Gegengleich formuliert, heißt das: nicht aufgeben im Mehr-Fordern (bis hin zum Utopischen), aber auch nicht aufgeben im Realisieren (im ‚Lösen'). [12]

In Bewegung ist *nonsolution* als Begriff schon allein deshalb, weil er – somit auch unsere Schreibe – merklich von einem Immer-etwas-Hinzufügen geprägt ist; dieses hat kategorischen Status, und zwar in einem nicht nur additiven, sondern einem revidierenden gegensätzlichen Sinn: als Einwand, als ein „Das ist es (noch) nicht!", ein Trotzdem. Sinngehalte und Referenzen von *nonsolution* werden hier nach und nach deutlich, in Konfrontationen und Kontextualisierungen. Referenzen aus der Planungspraxis stammen hier immer wieder auch von *Gabu Heindl Architektur*; das ist nicht als Vorführung von Best-Practice-Modellen gemeint, sondern als Darlegung, wie mit der Theorie verwandte Anliegen im Medium von Plan und Bau artikuliert werden (und vice versa). Einen großen Zusammenhang stellen wir hier mit Siegfried Kracauer (1889–1966) her: Dies ist auch ein Buch über einige Facetten im Denken dieses Soziologen, Journalisten, Film- und Geschichtstheoretikers, eines gelernten Architekten. [13]

12 Dank an Marie Neugebauer und Markus Bogensberger für Gedanken zu diesem Lernen.

13 Weiterführend in Sachen Kracauer-Kontext zum *nonsolution*-Begriff: Drehli Robnik, „DemoKRACy: Siegfried Kracauers Film-Theorie als Politik der *nonsolution*", in: Sabine Biebl, Helmut Lethen, Johannes von Moltke (Hg.), *Siegfried Kracauers Grenzgänge. Zur Rettung des Realen*, Frankfurt / M., New York 2019. Mit Akzent auf die radikaldemokratische Gründungsproblematik: Gabu Heindl, Drehli Robnik, „(Non)Building Alliances: Approaching Architectural Politics through Siegfried Kracauer's Concept of *Nonsolution*", in: Friederike Landau, Lucas Pohl, Nikolai Roskamm (Hg.), *[Un]Grounding: Post-Foundational Geographies*, Bielefeld 2021.

Nonsolution bei Siegfried Kracauer

Der Begriff *nonsolution* findet sich in den New Yorker Spätschriften des Frankfurters Siegfried Kracauer, der als linker jüdischer Publizist vor den Nazis fliehen musste. *Nonsolution* wird bei ihm zu einer hochverdichteten Bezeichnung für die (als sein Thema wiederkehrende) Möglichkeit, Wirklichkeit in ihrer Kontingenz zu erfahren. Diese Kontingenz, Nicht-Festgelegtheit, hat ebenso etwas von Offenheit und Unvorhersehbarkeit wie von Widerspruch und gegenstrebigen Wirkungen. Kontingenz meint nicht nur ‚Zufälligkeit', sondern auch Abhängigkeit von anderen, Verwiesen-Sein auf andere – und diese wollen, tun, bewirken, salopp gesagt, anderes. Das erzeugt Momente von Strittigkeit, und diese ist unser Einstieg in den politischen Charakter, insbesondere Konflikt-Charakter, von *nonsolution*.

Kracauer erläutert *nonsolution* kurz, aber prägnant (er verwendet das Wort an nur drei Stellen innerhalb seines Gesamtwerks). In seinem 1969 posthum veröffentlichten letzten Buch *History* untersucht er verschiedene Arten der Geschichtsvermittlung: Formen von Historiografie und Geschichtsauffassungen, die ihnen zugrunde liegen. Eine Form von Historiografie, die dem kontingenten, dem widersprüchlichen, brüchigen Charakter von Geschichte gerecht werden könnte, wäre eine Geschichtserzählung, ein ‚Geschichte-Buch', das immer wieder von Einschüben durchbrochen wird: von veritablen *close-ups*, wie Kracauer schreibt, die den Gesamtablauf der Geschichte bzw. ihrer Darstellung weniger illustrieren oder bestätigen, als dass sie ihn konterkarieren.[14] Kracauer greift hier Überlegungen zu einer Geschichte der USA des linken US-Historikers Sigmund Diamond aus den 1960er Jahren auf. Geschichte ist für Kracauer in spezifischer

14 Siegfried Kracauer, *History. The Last Things Before the Last*, New York 1969, S. 128 f.

Weise brüchig, nämlich insofern sie Brüche ebenso wie Kontinuitäten umfasst. Wäre sie *nur* von Brüchen geprägt, käme dies ultimativ wieder einem reinen Kontinuum – einem Kontinuum von Brüchen – gleich. Brüchigkeit so zu sehen, hat bereits etwas von einer *nonsolution*-Perspektive. Es geht hier also um eine Geschichtsdarstellung, die die Widersprüchlichkeit gesellschaftlicher Wirklichkeit nicht leugnet oder als einen Defekt missversteht, sondern diese Widersprüchlichkeit *als* Wirklichkeit anerkennt. Eine Geschichtsdarstellung, die nicht zuletzt einen Gesamtablauf und dessen Gegenkräfte gleichermaßen zur Geltung bringt, ohne diesen Gegensatz aufzulösen. Eine Darstellung, die dies zu leisten vermag, stellt für Kracauer eine „admirable nonsolution" dar: eine *nonsolution*, die in ihrer Formbildung Widersprüchliches umfasst und im Spiel hält – und darin bewundernswert ist.[15]

Kracauer weist immer wieder auf Entsprechungen zwischen Geschichte und Film hin: beide als Wahrnehmungsformen, die einer heterogenen gesellschaftlichen Wirklichkeit angemessen sind, einer Wirklichkeit, die nicht – oder nur aufgrund von Gewalt – einheitlich ist (das gilt, sofern Geschichte nicht als Erfolgsstory und Film nicht als in sich geschlossenes Kunstwerk missverstanden wird). In seiner Geschichtstheorie zieht Kracauer explizite Vergleiche zwischen Film und Geschichte und zitiert dabei aus seiner Filmtheorie: Mit demselben Ausdruck „admirable nonsolution" bezeichnete er dort eine Art von Filmgestaltung, bei der eine umfassende Story das, was sie einbezieht und ausstellt, nicht auf die Funktion von Illustration, Dramatisierung etc. reduziert: Gefilmte Wirklichkeiten kommen so in ihrer Eigenart zur Geltung; sie erscheinen tendenziell als eine Gegenkraft zur Gesamt-Story, aber innerhalb dieser Story. Einerseits also ein stark durchformter Gesamtverlauf, eben die klassische

15 Ebd., S. 129.

Spielfilm-Handlung mit ihrer Einprägsamkeit; anderseits die Tendenz von Teilen dieses Gesamtverlaufs, auch etwas anderes, gegenüber diesem Verlauf Eigensinniges zu präsentieren – dieser Widerspruch werde in vielen Arten von Filmgestaltung nicht aufgelöst. Solche Filme – insbesondere *realistische* Filme, die Wirklichkeit in ihrer Instabilität und Uneinheitlichkeit vermitteln – sind nicht formlos; durch sie entsteht sehr wohl etwas Ganzes; aber als ein heterogenes, prekäres Ganzes, das durch die filmischen Formungen stets wieder infrage gestellt, regelrecht im Entstehen wieder abgebaut wird. „Compose and decompose a whole" – das geschieht laut Kracauer in diesen Formbildungen gleichzeitig und in einem unaufgelösten Gegensatz; dies sei eine veritable *nonsolution* und als solche „admirable".[16]

Um ein mögliches Missverständnis gleich auszuräumen: Keinesfalls geht es bei *nonsolution* darum, ‚das Kleine' gegen ‚das Große' auszuspielen. In eine solche Richtung könnten nämlich Kracauers oben genannte Film- und Geschichtsvermittlungs-Beispiele missverstandener Weise deuten, bei denen Close-ups, also durch Großaufnahme hervorgehobene ‚kleine' Dinge, wie auch ein Gesamtzusammenhang, der diese Dinge umfasst, aber nicht ausdefiniert, gleichzeitig zur Geltung kommen. In einem Ana-

16 Sein konkretes Beispiel ist das Close-up der verkrampften Hände der in Sorge erregten Heldin während einer Gerichtsszene in D. W. Griffiths *Intolerance* (USA 1916); „Isolated from the rest of the body and greatly enlarged, the hands we know will change into unknown organisms quivering with a life of their own." Kracauer, *Theory of Film: The Redemption of Physical Reality* [1960], Princeton 1997; dieser Satz auch als Selbstzitat in: ders., *History*, S. 126. – Wenn Kracauer über filmische Formbildungen schreibt, verwendetet er mitunter Ausdrücke, die an Politik erinnern: „The principles of composition and disintegration clash with each other on the screen." Dieser Clash sei ein „dialectical process between a potential whole and the elements of which it may consist". Und zu diesem Prozess stellt er die Frage: „But how can the film maker both compose and decompose a whole without falling into plain anarchy?" Siegfried Kracauer, „Tentative Outline of a Book on Film Aesthetics" [1949], in: *Siegfried Kracauer – Erwin Panofsky Briefwechsel 1941–1966*, Berlin 1996, S. 89.

logieschluss könnte dann der Eindruck entstehen, *nonsolution*-Denken solle das ‚kleine' Individuum neben dem, womöglich gar gegen das ‚große' Kollektiv, gegen die Masse, die es zu ‚verschlucken' droht, starkmachen – und vielleicht ein Planen, Handeln und Bauen in kleinen Dimensionen gegen große Maßstäbe.[17] Anstelle einer neo-biedermeierlich oder herablassend getönten oder auch einer liberal-individualistisch grundierten Sympathie für allerlei ‚Kleines' (und übrigens aber auch *ohne Abneigung* gegen Kleines, kleine Maßstäbe etc.) geht es bei *nonsolution* um die Wahrnehmung und die Wahrheit von Heterogenität und innerer Spannung; und es geht weiters um Beziehungen zwischen Teilen und Ganzem, zwischen Fokus und Kontext, jeweils als Problem- und dynamische Beziehung, eine Beziehung, die sich verändert und auf das durch sie aufeinander Bezogene rückwirkt. Ähnliches gilt für Denkbilder, in Kracauers *History*, eines Unverhältnisses, einer Problembeziehung bzw. Irreduzibilität, zwischen Mikro- und Makro-Ebenen bzw. zwischen Partikularem und Allgemeinem in der geschichtlich-gesellschaftlichen Wirklichkeit.

17 Solche Sichtweisen in Umlauf gebracht hat in den letzten Jahrzehnten eine liberale Kracauer-Rezeption, die antipolitisch ist im Sinn kultureller Bewahrung des Alltäglichen und Lokalen vor Zumutungen von politisch-egalitären, an den Vielen orientierten Projekten.

Vorläufige Kollektive und Masse

[D]as Massenhafte der Demokratie [verdient], in Schutz genommen zu werden [... vor] der in manchen kulturell gehobenen Kreisen üblichen Verachtung des Massenhaften [...].

Siegfried Kracauer[18]

Kracauers *nonsolution*-Denken ist von vornherein mit politischen Perspektiven auf Gesellschaftliches verbunden. Den Gedanken von einem Mitgehen in teilweiser Gegenhaltung, für den Kracauer am Ende seines Werkes das Wort *nonsolution* verwenden wird, diesen Gedanken formuliert er in den Jahren um 1930, noch in Deutschland, mit anderen Ausdrücken (dazu gleich mehr) anhand von Fragen der Solidarität: Solidarität mit kollektivistischen Projekten, konkret jenen der Gewerkschaftsbewegung und der marxistischen Parteien. Kracauer betont seine Solidarität mit deren Projekten, mit der egalitären Gerechtigkeit und dem Abbau von Herrschaft, denen sie verpflichtet sind – aber er verbindet dieses Votum mit einer Äußerung von Skepsis: Diese Massenorganisationen hätten nämlich „das Kollektiv überbetont und schon beinahe selbst zum Inhalt erhoben“, sodass „aus der Not der Uniformierung eine Tugend“ und „jede Abweichung [...] mit dem Bann belegt“ zu werden droht.[19] Auch in diesem Zusammenhang beharrt Kracauer darauf, dass eine Spannung aufrechterhalten bleibt zwischen einem Gesamtverlauf und einer gegenstrebigen Wirklichkeit, also zwischen der, wenn wir so wollen, umfassenden Story von der Durchsetzung eines kollektivistischen Prinzips einerseits und vereinzelten Erfahrungen anderseits: „Der Mensch, der allein dem Tod gegenübersteht, geht

18 Siegfried Kracauer, „Thomas Mann geleitet. Zu der Serie ‚Romane der Welt'“ [1927], in: ders., *Werke*, Bd. 5.2, Berlin 2011, S. 602 f.

19 Kracauer, *Die Angestellten. Aus dem neuesten Deutschland* [1930], Frankfurt / M. 1971, S. 115.

in das Kollektiv nicht ein, das sich zum Endzweck übersteigern möchte."[20] Kracauer problematisiert also die – damals straffe – Organisation der Massen als Universallösung, bleibt aber anderseits ebendieser egalitären Massenpolitik verbunden. Es geht dabei um jene Art von unaufgelöstem Spannungsverhältnis, die er später *nonsolution* nennen wird; hier im Hinweis auf eine nicht reduzierbare Einzelerfahrung.

Entspringt dieser Hinweis einer liberalen Phobie gegen Kollektives? Nein, denn Kracauer stellt das Einzelmenschliche nicht als individuellen ‚Baustein' im Gesamtgebilde des Kollektivs dar und schon gar nicht als starke Bastion durchsetzungsfähiger privatunternehmerischer Initiative, als ‚feste Größe', die, so ein gängiges ideologisches Szenario, Mauern des Kollektivismus sprengen soll. Vielmehr hebt Kracauer zum einen an der vereinzelten Erfahrung das Moment der Sterblichkeit hervor: ein sterbliches, in einem (heutig gesagt) vulnerablen Körper situiertes Wesen – eher Leidensträger:in als ‚Leistungsträger:in' –, eines, das gerade in seiner Vulnerabilität nie ganz in den Rahmungen und Formen eines organisierten Kollektivs aufgeht.[21] Weshalb die solidarische Einbeziehung der Einzelnen in kollektive Formen von Sorge auch die Nicht-Reduzierbarkeit dieser Einzelerfahrungen auf kollektive Standards (bzw. „Uniformierungen") sorgsam wahrnehmen muss. Zum anderen entspricht das Individuum in Kracauers *nonsolution*-Denken dem, was in einer Deleuze'schen

20 Ebd.

21 Die Titelfigur von Kracauers um 1930 verfasstem Roman *Georg* (*Werke*, Bd. 7, Berlin 2004, S. 469) sagt: „[D]er Mensch stirbt doch nicht im Kollektiv, sondern allein. Also steht er auch außerhalb des Kollektivs." Ähnlich verhält es sich ja auch in Kracauers explizitem *nonsolution*-Beispiel, der oben genannten Gerichtsszene im Film *Intolerance*: Auch hier ist eine Einzelne allein mit einer Verzweiflung, die ihre Existenz abschnürt, ihre Hände sich verkrampfen lässt, nämlich als die Verlobte eines unschuldig zum Tode Verurteilten inmitten eines Saalpublikums, das von der Schuld des Angeklagten überzeugt und insofern als Kollektiv einheitlich, eines Sinnes ist.

Terminologie „Dividuum" heißt:[22] Als solches ist es nie ein selbstidentischer Monolith, nie unveräußerlicher Privatbesitz an Identität, sondern eben teilbar – aber nie ganz, nie nach Schema, nie ohne Rest teilbar. Wir sterben jede:r allein, aber wir sind viele, und zwar jede:r Einzelne: Der Kollektivismus, dem Kracauer kritisch solidarisch bleibt, wirkt auf das Individuum zurück; dieses erfährt seinen Tod als unteilbar und ist doch seinerseits geteilt, in die Vielen, in denen es ist (unter denen es ist, als eine:r von vielen) und die in ihm sind. In *History*, ganz in der Nähe seiner *nonsolution*-Darlegungen, drückt Kracauer dies so aus: Für die Geschichtsbetrachtung sei das Individuum nur scheinbar eine nicht weiter teilbare Einheit – in Wahrheit sei es selbst ein „inexhaustible macrocosm". Eine historische Epoche, heißt es da weiter, sei für gewöhnlich eine „mixture of inconsistent elements", aber das sei nicht weiter verwunderlich: „Is not the individual's mind incoherent also?"[23] Einzelne, die Gesellschaften in sich versammeln, haben schon beim Kracauer der 1920er und 1930er Jahre Auftritte, etwa in seinen Romanen *Ginster* und *Georg*. Das Individuum ist selbst eine Art von Gesellschaft. Und dieses nichtidentische fragile Etwas, das bleibt und nicht in einer gezählten Summe aufgeht, steht der Vereinheitlichung, der „Uniformierung", von Kollektiven zur voll ausgebauten, ‚erfüllten' Identität im Weg; dies allerdings auf Grundlage des solidarischen Mitgehens mit einem egalitären kollektiven Projekt (einer iden-

22 Gilles Deleuze, *Das Bewegungs-Bild. Kino 1* [1983], Frankfurt / M. 1989, S. 138, 147. – Vgl. weiters Gerald Raunig, *Dividuum. Maschinischer Kapitalismus und molekulare Revolution* Bd. 1 (Wien, Linz 2015). Dort werden, im Begriffs-Sound des Deleuzianismus, auch der (Kracauer'schen) *nonsolutionalen* Masse verwandte Problemlagen verhandelt: so etwa, neben der (Zer-)Streuung und dem Unfug, eine massenhafte „Mit-Förmigkeit […], ohne sie aus dem Einen herzuleiten oder zum Einen zu verschmelzen" und ohne so „mit der [kommunitären] Preisgabe des Individuell-Einen zugunsten des All-Einen auch des Singulär-Einzigen verlustig zu gehen" (ebd., S. 16, 241).

23 Kracauer, *History*, S. 116, 147.

titären Erfüllung im Weg zu stehen, ist die Form des Mitgehens). Das sind die beiden Seiten oder Tendenzen des *nonsolution*-Gedankens, wie ihn Kracauer hier an gesellschaftlichen und politischen Verhältnissen festmacht.

Diesen Gedanken formuliert er auch in Begriffen von Masse und *Vorläufigkeit*: Politisches Ziel wäre eine Gerechtigkeit, die Wirklichkeiten nicht über den Kamm des Allgemeinen schert, sondern „je nach den Umständen sich umständlich entschiede". Eine solche situationssensitiv entscheidende Gerechtigkeit wäre humaner, genauer, gerechter als die „primitive Gerechtigkeit", deren Verallgemeinerungen der Standardisierung von Lebensformen und Regelungen in Massengesellschaften entsprechen. Aber: Das Ziel einer solchen allen Einzelnen gerecht werdenden Gerechtigkeit lässt sich gerade *nicht* im direkten Beharren auf das Individuum als zentrale Rechtsgröße und -quelle verfolgen. Eine diesem Ziel verpflichtete Politik muss vielmehr durch die Formen des Kollektiven, der Masse, auch durch ihre verallgemeinerten Regelungen hindurch: Die *Gerechtigkeit der Masse*, so Kracauer, sei eine ständig zu verbessernde, bloß vorläufige Einrichtung; sie sei „ihrer Vorläufigkeit wegen mit Trauer umgeben". Im Ganzen entspreche ihr eine „gute Grobheit, die den einzelnen vernachlässigen muss", und zugleich laste auf ihr der Druck eines „schlechte[n] Individualismus", also der Anspruch rechtlicher Regelungen, die vom bürgerlichen Individuum ausgehen und für seine Privatbesitz- und Durchsetzungsansprüche maßgeschneidert sind. Gegenüber diesem Individualismus aber hat die grobe, „primitive" Massengerechtigkeit laut Kracauer den „unbedingten Vorzug". Apodiktisch schreibt er: „Nur mit der Masse selber kann eine Gerechtigkeit nach oben steigen, die wirklich gerecht ist."[24]

24 Siegfried Kracauer, „Über Arbeitsnachweise. Konstruktion eines Raumes" [1930], in: ders., *Straßen in Berlin und anderswo* [1964], Berlin 1987, S. 57.

Was ist gemeint, wenn Kracauer hier von einer „guten Grobheit“ spricht? Zum einen bezieht sich der Gedanke darauf, dass öffentliche Gesundheits- und Verwaltungseinrichtungen die Massen konkret ins Auge fassen und gleichsam auch anfassen – durchaus „resolut“ anfassen, bei ihren Bedürfnissen, auch den leiblichen.[25] Wir sollten diese Grobheit aber auch als einen Ausdruck der Vorläufigkeit im Anpeilen kollektiver Gerechtigkeit verstehen: im Sinn eines groben Entwurfs, der auf noch nicht gegebene Zustände vorgreift. Zustände, die wenn schon nicht das „Gute“ schlechthin, so doch besser als die entfesselte Kapitalherrschaft sind. Kracauers andere Vorläufigkeits-Markierung ist die *Trauer*: Sie ist ein Bewusstsein jener Grobheit, die Entwurfsskizzenhaftigkeit, Vorläufigkeit bedeutet; und sie ist zugleich eine Einschränkung jener Grobheit, die ‚Härte‘ enthält, wie sie mit dem Vorläufigen einhergehen mag. Vor allem aber formuliert die Trauer das *nonsolution*-Moment – das *non* zur *solution* – am kollektivistischen Projekt der Massengerechtigkeit aus: Trauer um mehr, das möglich wäre, begleitet eine Setzung, Durchsetzung, die vorgenommen wird, markiert deren Unvollständigkeit oder hält eine Gegenstrebung zu ihr im Spiel. Und sie *ermöglicht* dadurch erst diese Setzung, eben in ihrer Eigenschaft

25 Diese Einrichtungen sind *Ansätze* eines Sozialstaats; sie tragen – in all ihrer Grobheit und Ungenauigkeit, auch mit ihren Zwängen – zur Milderung kapitalistischer Beschädigungen des Lebens bei. Das ist etwas, das Kracauer immer wieder hervorhebt; so etwa auch anhand der Institution des Arbeitsgerichts. Sein konkretes Beispiel hier – und ein gesellschaftlicher Ort, den er exemplarisch als ein Raum-Bild der „Entzifferung“ der Klassenverhältnisse „am Grund der sozialen Wirklichkeit“ auffasst – ist ein Berliner Arbeitsamt, in damaliger Diktion: „Arbeitsnachweis“. Kracauers Wortlaut in Sachen *resoluter Grobheit*: „Daß die elementaren Lebensereignisse resolut angepackt werden, ist in der Ordnung und entspricht durchaus dem Walten der primitiven Gerechtigkeit.“ (Ebd., S. 52, 58.)

als eine Setzung, die notwendig unvollständig, vorläufig und strittig ausfällt.[26]

Trauer, Grobheit, Vorläufigkeit, sie münden in *nonsolution*, und das bedeutet: Ein maximalistischer Anspruch, der *alles* verwirft, was nicht *alles* ist, nicht alles jetzt gleich ist, ist keine Option; ebenso wenig ein geschmäcklerischer Endlos-Aufschub, der lieber doch nichts setzen oder organisieren will. Es sind dies zwei Seiten der Medaille einer puristischen Ethik, die eine Verkennung von Politik darstellt. Uns allerdings geht es um Politik, um eine kritische Solidarität mit Formungen eines egalitären Kollektivs, die aber dieses Kollektiv unvollständig, in *nonsolution*, hält; es also getrennt hält von einer verfestigten Einheitlichkeit, wie sie sich durch die kollektive Organisation häufig einstellt – etwa in Form von standardisierter, disziplinierter Uniformität. Dabei, insbesondere beim bau- und planungspolitischen Einsatz dieses Zugangs, kommt der Masse eminente Bedeutung zu – der Masse nicht als Moloch oder Monolith, sondern eben in veränderlicher Aufteilung und als einer Agentur von Gerechtigkeit.

26 Damit ist *nonsolution* implizit auch eine Formulierung für das Moment des Begehrens an der Politik: im Sinn der Setzung bzw. Wunschbesetzung eines Objekts, eines *objective* als Ziel, das nie das Ganze sein kann, das daher auf ein Ganzes hin überschritten, aber dennoch als (Be-)Setzung vorgenommen wird. Die psychoanalytische Politiktheoretikerin Alenka Zupančič hebt diesen Aspekt des (Lacan'schen) Begehrens in politischen Projekten hervor: Das Begehren markiert in seinen (Be-)Setzungen immer ein Ungenügen mit, ein ‚*Das* ist es *nicht*!' – und zwar nicht, weil das Begehren heikel („picky") wäre, sondern weil genau das seine Form ist, sich vehement an ein Objekt / Ziel zu heften und dabei die Kontingenz der Struktur, von der das Subjekt des Begehrens getragen wird, regelrecht aufzuführen. (Siehe: Alenka Zupančič, "Identity, Politics, Desire", in: Ivo Ritzer (Hg.), *On the Critique of Identity*, Berlin 2024, S. 195.)

Massengeschneiderter Wohnbau

Der Masse korrespondieren differenzierte Formen, in denen sie sich präsentiert. Sie betrachtet sich selbst in „kaleidoskopartigen" Revue- und Stadionsport-Choreografien, von denen Kracauer 1927 in seinem Essay „Das Ornament der Masse" schreibt. Und ihr korrespondieren Formen, in denen die Masse wohnt bzw. bald wohnen *könnte*, wie er zeitgleich in seiner Ausstellungsbesprechung zum Neuen Bauen schreibt.[27] Auch die zwischen Planungsutopien und progressiven Teilumsetzungen changierenden Entwürfe und Prototypen des Neuen Bauens sieht Kracauer im Zeichen ihrer Vorläufigkeit, im Zeichen von „Trauer über die Entsagung", die die „Hausgerippe", die funktionalistisch-kahlen Architekturen „üben müssen". Und weiter: „das neue Wohnhaus [bedeutet] nicht eine letzte Erfüllung", es ist definitiv noch nicht die Einlösung einer sozialen Utopie von Massengerechtigkeit, sondern ein Hinweis und eine Passage in deren Richtung. Von solch utopischer Erfüllung sind die ausgestellten Pläne (von Mies van der Rohe, Lihotzky, Le Corbusier) grobe Entwürfe. „Beschränkt [die neue Hausorganisation] sich darauf, dem Privatmenschen eine Wohnform zu geben, die – endlich – im Einklang mit seinen gegenwärtigen Funktionen steht? Oder enthält sie bereits im Keim den einen oder anderen Hinweis auf eine veränderte Gesellschaftsordnung [...]?"[28] Einen Hinweis also, der über Anpassung an das aktuell Vorgegebene, konkret an Sachzwänge der Rationalisierung und Standardisierung im Rahmen der Profit wirtschaft hinausgeht? Und zwar in Richtung „neuer Lebensfor-

27 Diese Besprechung ist ein ‚angewandter' *companion text* zu seiner Geschichtsphilosophie des Massenornaments. Beide Texte erschienen im Sommer 1927 in der *Frankfurter Zeitung*. Das Wort „kaleidoskopartig" verwendet Kracauer in: „Das neue Bauen. Zur Stuttgarter Werkbund-Ausstellung ‚Die Wohnung'" [1927], in: ders., *Werke*, Bd. 5.2, S. 639.

28 Ebd., S. 638.

men“, die einer anderen Raum- und Reichtumsverteilung als der des kapitalistisch definierten Privatbesitzes entsprechen, etwa insofern sie sich nicht an „starre Eigentumsgrenzen“ halten.[29]

Die utopische Vollendung ist also zusammenzudenken mit der Aufhebung eines Herrschaft und Ungerechtigkeit tragenden Privatbesitzes. Aufhebung von *Besitz*, der durch Enteignung der Vielen entsteht – nicht Aufhebung von *Eigentum* im Sinn des Sich-zugeeignet-Fühlens, des Eigentümlich-Leben-Könnens, des Wohnens im emphatischen Sinn, im Verhältnis zu Orten, Räumen und Objekten.[30] Auf das Utopische einer Aufhebung von Privatbesitz verweisen die modernistischen Wohnbauten, die zunächst die „Massenmenschen“ als einen Horizont der Planung anerkennen: Sie verweisen indirekt darauf – in „Trauer“ –, aber sie halten den Verweis aufrecht, insofern sie den Horizont der Masse als einen *offenen* herausstellen. Das ist das Moment von *nonsolution*, das Moment, das über eine technische Lösungsperspektive auf Wohnungsnot hinausgeht. So wie die Trauer festhält, dass am gegenwärtig Gegebenen etwas grundsätzlich fehlt, und an diesem Fehlen festhält,[31] so ist die Masse, wie Kracauer sie versteht (zumal Ende der 1920er), gerade nicht durch dumpfe Vereinheitlichung und Blockbildung bestimmt, wie sie in totalitären Formationen

29 Letzteres schreibt Kracauer (ebd., S. 637) über Mies van der Rohes Bebauungsplan für die Stuttgarter Weißenhofsiedlung.

30 Wir sagen dies mit einer sozialanthropologischen Unterscheidung Hannah Arendts (und ungeachtet Arendts Vorbehalt gegen Massen), eben der Unterscheidung zwischen Eigentum, als Widerlager und insofern Voraussetzung von Öffentlichkeit, und Besitz, mit seiner Tendenz zur Herrschaft über Öffentlichkeiten; diese deckt sich *nicht* mit jenen Unterscheidungen, die das juridische Fachwissen anhand dieser Begriffe vornimmt. Vgl. Hannah Arendt, *Vita activa oder Vom tätigen Leben* [1958/1967], München, Zürich 2002, S. 73 ff.

31 In diesem Sinn steht die Kracauer'sche (anders als die Freud'sche) Trauer der Melancholie nahe. Siehe dazu Chris Tedjasukmana, „Die Erfahrung verlorener Möglichkeiten. Kracauer, Benjamin und die queere Geschichtsschreibung des Kinos" in: Drehli Robnik, Amália Kerekes, Katalin Teller (Hg.), *Film als Loch in der Wand. Kino und Geschichte bei Siegfried Kracauer*, Wien, Berlin 2013.

ebenso wie in antikollektivistischen Phobien erscheinen. Sondern: Masse heißt Neuaufteilung und Umformung (Kaleidoskop). Masse ist also, worin Gesellschaft über gegenwärtige Aufteilungen, solche des Besitzes oder der Klassenzuordnung, hinausgeht bzw. worin diese Aufteilungen in ihrer Stabilität infrage gestellt sind. Wie Kracauer schreibt, ist die Masse nur dann komplett, wenn sie nicht „massiv" ist, sondern die für sie unverzichtbaren, „notwendigen Lücken" enthält: Masse wird also nachgerade durch ihre Unvollständigkeit vervollständigt.[32] Anpassung der Politik wie auch des Planens, des Wohnbaus, an die Masse bzw. Massenmenschen bedeutet demnach Anpassung an nur zum Teil Bestimmtes, Offenlassen für Unvorhersehbares; nicht die Erledigung einer Aufgabe, sondern *nonsolution*.

Politisch lässt sich dieser Gedanke einerseits in Richtung einer allgemeinen Demokratietheorie weiterspinnen, in Richtung der *radikalen Demokratie* mit ihrer Betonung von kontingenten, strittigen Gründungen im Gesellschaftlichen. Diese Gründungen sind als erfüllte, als vollständige Identitätsfestlegung einer Gesellschaft oder Gruppe *unmöglich*, aber gerade dadurch als teilweise, prekäre Gründungen erst *möglich* – und immer *unumgänglich*.[33] Ein Konzept der *Ent*füllung also. Dies in Absetzung von einem *Er*füllungs- und Vollendungsgedanken, der Definitionsmacht über eine Utopie beanspruchen und sie ausmalen

32 Kracauer schreibt dies invers, anhand der zum *Volk* geronnenen Masse bzw. anhand deutscher Filme, die nationale ‚Größe' feiern: Diese völkische Kultur sei „eine massive Masse, in der die notwendigen Lücken fehlen". Siegfried Kracauer, „Gepflegte Zerstreuung. Eine grundsätzliche Erwägung" [1931], in: ders., *Werke*, Bd. 6.2, Frankfurt / M. 2004, S. 529.

33 Die Masse, wie wir sie hier mit Kracauer verstehen, wäre ein Synonym für Gesellschaft, die sich in radikaldemokratischer Auffassung als ein in diesem Sinn *unmögliches Objekt* darstellt. „Das unmögliche Objekt [ist] die Fülle der Gemeinschaft" heißt es bei Ernesto Laclau, und ebendies ist Gesellschaft (Ernesto Laclau, *Emanzipation und Differenz*, Wien 2002, S. 182). Sozialtheoretisch entfaltet ist dies dann bei Oliver Marchart in: *Das unmögliche Objekt. Eine postfundamentalistische Theorie der Gesellschaft*, Berlin 2013.

würde. Das heißt, die radikaldemokratische Auffassung von Demokratie hängt weder am Fetisch eines Idealzustands, in dem alle Verheißungen und Ansprüche erfüllt sein werden, noch beschränkt sie sich darauf, die jeweils bestehenden Ordnungen und Machtverhältnisse als einzige Richtschnur zu akzeptieren. Der eben angesprochene allgemeine theoretische Aspekt ist die eine Seite einer Verbindung von *nonsolution* mit Demokratie-Fragen. Die andere Seite zeigt sich im Historisieren konkreter politischer Situationen: Um 1930 galt Kracauers (und nicht nur seine) Sorge der Frage, ob die Masse auch dann, wenn sie politisch organisiert ist, die Lücke im Spiel hält, ob sie also Einzelerfahrungen als irreduziblen, fragilen Rest- und Lücke-Verkörperungen Raum gibt – oder ob die Masse, so die Befürchtung, einheitliche Festformen, Uniformen annimmt.

In unserer Gegenwart der 2020er Jahre hingegen scheint, salopp gesagt, an Raum für Individuelles kaum Mangel zu herrschen; die Sorge geht, zumal in radikaldemokratischer Sicht, eher in die Richtung, ob sich in Bezug auf Gruppenbildungen zu politischen Projekten ein Massencharakter organisieren lässt. Dabei geht es um Masse als ein Zusammensein von gruppenmäßig Verschiedenen sowie um das Unbestimmt-Anonyme am Massenhaften. Dieses Anonyme meint nicht – wie im Allgemein(miss)verständnis – ‚kalt' und ‚leblos', sondern bedeutet: *nicht auf Identität festgelegt*. Anonymität ist mit Kracauer Teil einer immer grundsätzlichen, wahrheitsfähigen Menschwerdung, die noch aussteht und die *Entäußerung* bedeutet, nicht Konzentration auf einen innerlichen Wesenskern; und vor allem bedeutet diese Menschwerdung nicht Verachtung der Masse (wie in manchen Formen von Eigentlichkeitsdenken), sondern vollzieht sich *durch* die Masse.[34] Eine Dosis solcher Anonymität und Massen-

34 Kracauer formuliert dies so: „Die im Massenornament eingesetzte menschliche Figur hat den *Auszug* aus der schwellenden organischen Pracht und individuellen Gestalthaftigkeit zu jener Anonymität angetreten, zu der sie sich ent-

haftigkeit täte heute dort gut, wo politische Initiativen mitunter entlang von ‚Alterskohorten' verengt sind (zum Beispiel vorwiegend jugendliche Klimaschutz-Bewegungen) oder auch entlang von Bildungsmilieus (zum Beispiel eine akademisch-urbane Linke). Oder verengt durch jene Uniform, die Individualismus heißt. Ebenso fehlt das Korrektiv einer anonymen Massenhaftigkeit bei Architekturprojekten von blasenhaft sozial homogenen Baugruppen, die sich aus gebildeten, einkommensstarken Menschen der Mittelschicht und aus Mehrheitsethnien zusammensetzen und insofern exklusive Vereine darstellen.[35]

Vom Design einer Vase bis hin zum Wohnbau: In den 2000er und 2010er Jahren wurde in unterschiedlichen Maßstäben der Architektur an ausgeprägter Individualisierung der jeweiligen Einheiten gearbeitet – am Customizing, am Maßgeschneiderten. Dies aber vorwiegend im ‚Luxussegment', wie es so unschön heißt, eben exklusiv für besitzende und einkommensstarke Gruppen.[36] Im Gegensatz dazu steht unser Votum für *massengeschneiderte* Architektur, aus der Perspektive einer politisierten *nonsolution* (zumal in Anknüpfung an Kracauers Massen-Gedanken): Maßschneiderei *in der Masse*, die stets ein Quantum an Unbestimmtheit umfasst, als Potenziale von Formbildungen, auch von Individualisierungen, die in der gegebenen Ordnung

äußert, wenn sie in der Wahrheit steht und die aus dem menschlichen Grund herausstrahlenden Erkenntnisse die Konturen der sichtbaren natürlichen Gestalt auflösen." Siegfried Kracauer, „Das Ornament der Masse" [1927], in: ders., *Das Ornament der Masse*, Frankfurt / M. 1963, S. 59.

35 Ein ferner Nachhall von Politik sind solche Wohnprojekte aber insofern, als sie in einem Traditionszusammenhang mit Alternativ-Wohnkommunen der 1970er und 1980er Jahre stehen und mitunter karitativ oder öffentlich nutzbare Zusatzräume einplanen.

36 Die in den 2000er Jahren rund um die Forschung zu parametrischem Design versammelten Ansätze mit dem Ziel, Einzigartigkeit und Variationen ‚in der Masse' zu entwerfen (unter anderen stark von Greg Lynn getragen), haben sich am Ende nicht im Wohnbau, sondern am ehesten im Produktdesign ausgewirkt. Vgl. Greg Lynn, *Animate Form*, New York 1999.

nicht vor(her)gesehen sind. Masse als Maß für Qualität und demokratischen Charakter von Planung, das beginnt damit, die abwertende Verwendung des Massenbegriffs (nicht nur) im Baulichen zurückzuweisen, also seine Assoziation mit standardisierter, formloser Billigproduktion minderer Güte.

Was wir massengeschneidert nennen, steht im Gegensatz zu der Vorstellung, dass paternalistische Zentralautoritäten eine passive Masse mit Wohnraum ‚versorgen': Nein, der Masse kommt, nicht minder als dem Individuum mit bürgerlichem Habitus, ein stolzer Eigentumsanspruch zu; ein Bewusstsein für das kollektive Eigentum derer, die nicht privat besitzen – für gemeinschaftlichen *Anspruch* auf Stadt in Form von sozialem Wohnbau (Genossenschafts- und Gemeindebau), kommunalen Einrichtungen, öffentlichem Raum – und dies auch in *ansprechenden* Formen. Die Masse, wie wir sie meinen, ist die Klasse, deren Eigentum das Öffentliche ist. Und architektonische Maßschneiderei beschränkt sich hier nicht – wie es heute meist praktiziert wird – auf Besitzklassen und die Mittelschicht. Vielmehr erkennt massengeschneiderte Planung an, dass es um viele geht, dass sie für viele ist, nimmt dieser Orientierung aber das eng Standardisierte sowie die Momente der Sparsamkeit und der Armut; sie zielt im Gegenteil in Richtung *Luxus für alle*, insbesondere *Luxus durch alle*, wie ihn gerade die große Zahl der baulichen Einheiten bzw. ihrer Nutzer:innen ermöglicht. Und anstatt Raffinesse für das kreative Verkleinern von Sozialwohnungen aufzuwenden (wie eingangs erörtert, siehe S. 13), strebt Massenschneiderei möglichst viel Diversifizierung für möglichst viele an.

Symbolträchtig dafür stehen etwa die Schwimmbäder auf den Dächern mancher Sozialwohnbauten, zum Beispiel der Wohntürme im Wiener Wohnpark Alt-Erlaa (siehe Abb. S. 91): Die Masse – die große Zahl an Mieter:innen – ermöglicht den Swimmingpool als Gemeinschaftseigentum, Pool im vollen Wortsinn des ‚Zusammenlegens', im Gegensatz zum Einfamilienhaus- und Kleingarten-Schwimmbecken. Schließlich muss Massenschneiderei auch, um hier nun den aktuellen akuten Wohnungsbedarf in Deutschland anzusprechen, Folgendes bedeuten: Wenn es jährlich, wie es heißt, 400.000 Wohnungen braucht, dann kann das nicht darauf hinauslaufen, dass 400.000 Wohnungen neu gebaut werden – sei es mit Bau-Turbo und in durchstandardisierter Billigfertigung, wie es derzeit der propagierte Weg der deutschen Bundesregierung ist; sei es als 400.000 jeweils unterschiedliche neue Wohnungen, was unmöglich ist und was als Neubau auch gar nicht ökologisch und sozial sinnvoll ist. Im Gegensatz dazu würden ein kontext- und situationsbezogenes Revitalisieren und Reaktivieren von leerstehendem und als Kapitalanlage (‚Vorsorge-Wohnung') untergenutztem oder verfallsbedrohtem Wohnraum, würde also ein Um-, Weiter- und Instand-Bauen an so vielen bereits infrastrukturell erschlossenen Orten von sich aus ein hohes Maß an formaler und funktioneller Diversität und somit an Wahlfreiheit mit sich bringen. Wahlfreiheit seitens der Massen an Wohnenden – und nicht Wahlfreiheit für Investor:innen in Sachen optimaler Kapitalverwertung. Umfassender gesagt: Anstelle jenes *solutionism*, der ‚Bauen! Bauen! Bauen!' als Losung einer pauschalen Lösung ausgibt, hält *nonsolution* über aktuelle Notlagen und Funktionsbestimmungen hinaus an der Richtung einer egalitären Umverteilung von (nicht nur) räumlichem Reichtum fest.

Werfen wir einen Blick auf den Wohnbau der Moderne, am Beispiel des Roten Wien mit seiner vor über 100 Jahren beginnenden Geschichte sozialdemokratischer Verwaltung und seiner Tradition an ausgebauten öffentlichen Infrastrukturen und sozialem Wohnbau. Der in der historischen ‚Versorgungslogik' eingebettete Paternalismus der Verwaltung des Roten Wien konfrontiert uns noch heute mit einer uniformierenden Durch-Strukturierung von Makro- bis zu Mikro-Dimensionen, quasi von der *Internationale* bis zur *Sektion* (wie die Bezirksabteilung einer politischen Partei in Österreich heißt). In dieser Masse gibt es bis heute gesicherten Platz nur für (laut Bestimmungen der Stadt Wien) Menschen in „geklärten Familienverhältnissen" und für Menschen, die bereits lang genug „in Wien gemeldet" sind. Dem gegenüber betont Massen*schneiderei* mit ihrem Bewusstsein für Schnitte (*sections*) eher die *Intersektionale*, das heißt Überschneidungen des Betroffenseins von Marginalisierungserfahrungen und Verhältnisse zwischen den intersektional Betroffenen. Das Konzept und die Praxis von Gemeindebau heute zu aktualisieren, würde bedeuten, dessen beste Seiten weiter zu entfalten: nämlich das, was im Gemeindebau an Ermächtigung einer intersektionalen ‚Gemeinde' von Nicht-Besitzenden stecken könnte – und an Diversität gerade in der Masse.

Weder Notlösung noch Lösungsverzicht

Was heißt *nonsolution* nicht? Es handelt sich dabei nicht um eine Notlösung, *makeshift solution* oder Kompromisslösung, die gegebene Machtverhältnisse unberührt lässt – unabhängig davon, ob sie nun aus wirklich akuter Notlage, die keinerlei Rettungsaufschub duldet, entstanden ist oder ob diese Notlage nur vorgetäuscht ist, um Kompromisse zu erwirken und aktuelle Gewinn- und Herrschaftsinteressen nicht zu schmälern.

Ist eine *nonsolution* also einfach eine *Nichtlösung*? Immerhin wurde eine der Kracauer-Stellen zu *nonsolutions* mit „Nicht-Lösungen“ ins Deutsche übersetzt.[37] Der Haken an dieser Übersetzung (zu einer anderen kommen wir gleich) ist allerdings, dass sie lediglich vermittelt, dass eine Lösung nicht stattfindet. Dem gegenüber hat die Beibehaltung des englischen Wortes *nonsolution* den Vorteil, dass es unvertraut klingt und so einen Verweis mitgibt in Richtung einer Bedeutung, die nicht mit vorherrschenden Bezeichnungsgewohnheiten konform geht.[38] Der Kontext, den wir hier gesponnen haben, lädt *nonsolution* mit der Bedeutung auf, dass das Ausbleiben einer Lösung in einem Spannungsverhältnis steht zur Notwendigkeit, Lösungen zu finden und vorzunehmen. Mehr noch, *nonsolution* bezeichnet Konflikte zwischen unterschiedlichen Lösungsansätzen, die unaufgelöst in die Arbeit am Lösen eingehen. Mit dem

37 Vgl. Siegfried Kracauer, *Theorie des Films. Die Errettung der äußeren Wirklichkeit*, in: ders., *Werke*, Bd. 5, Frankfurt / M. 2005, S. 417.

38 Dass für ein vorwiegend englischsprachiges Publikum „nonsolution“ zwar ebenfalls (so wie „Nichtlösung“ oder „Nicht-Lösung“ im Deutschen) kaum ein gängiges Wort ist, aber wiederum auch nur die Bedeutung einer ausbleibenden Lösung transportiert, ist eine andere Geschichte. *Collins Dictionary of British English* definiert *nonsolution* rein negativ: „a proposed solution to a problem that is deemed inadequate or not a real solution“.

non ist nichts erledigt, vielmehr sind erst Anfänge gesetzt, Problemprozesse entfaltet: Mit *non* geht etwas los.[39]

Um die Sache klarer zu machen, und zwar zunächst ex negativo: Mit dem Zusatz des *non* zur *solution* ist nichts in den Raum gestellt, das irgendwie ‚erbaulich' oder ‚löblich' wäre. Hier ist eine weitere markante Fehlübersetzung der Kracauer'schen *nonsolution* aufschlussreich: *Nonsolution* wurde nämlich mehrfach auch als „Verzicht auf eine Lösung" ins Deutsche übersetzt.[40] Diese Übersetzung verfehlt noch mehr den Sinn der Sache und des Begriffs, denn es geht dabei ja nicht um Verzicht, so als würden mit *nonsolution* Askese und Demut geübt.[41] Wir sprechen nicht davon, dass man „auf Lösungen verzichtet" oder dies tun solle. Verzichten tut man auf ökologisch schädliche Reisen oder auf

39 Dass es mit dem *nicht* oder dem *non* erst richtig losgeht, darauf weisen auch andere Nicht- und Non-Worte bei Kracauer hin. So etwa seine Rede von „einem stillen Warten und dem Nichttun der Einkehr" – Einkehr nicht ins Innerlich-Quietistische, sondern ins Äußere der kontingenten Wirklichkeit (Siegfried Kracauer, „Deutscher Geist und deutsche Wirklichkeit" [1922], in: ders., *Werke*, Bd. 5.1, Berlin 2011, S. 371); oder seine Beschreibung von Geschichte als einer „nonscience" und einer „nonphilosophy" (Kracauer, *History*, S. 32, 211) – Ersteres als ein Synonym für Geschichte als „science with a difference", Letzteres ein Zitat von Jacob Burckhardt. Wir bevorzugen übrigens Kracauers Schreibweise in einem Zug, „nonsolution" (wie in *Theory of Film*) gegenüber der mit Bindestrich, „non-solution" (wie in seinem Selbstzitat in *History*).

40 Vgl. Kracauer, *Theorie des Films*, S. 361; ders., *Geschichte – Vor den letzten Dingen* [1969], in: ders., *Werke*, Bd. 4, Frankfurt / M. 2009, S. 142.

41 Demutsethisch argumentiert etwa Landschaftsplaner Rob Holmes, der in Sachen Ökologie der Landschaftsplanung den Ausdruck „non-solution" verwendet (mit Bindestrich, in rein negativem Sinn und ohne jeden Bezug auf Kracauer). Holmes kritisiert die planerische Obsession, „to solve and fix landscapes". Im Gegensatz dazu fordert er, in der Haltung von „gardeners and restoration ecologists" verantwortungsvoll zu entwerfen. Seine Kritik an mangelnder Kontextsensitivität ist überformt durch den Gemeinplatz „openness" und durch Nobilitierung zu einer „epistemic humility". Rob Holmes, „The Problem with Solutions: We need to engage troubled landscapes without presuming to fix them. Notes toward a history of non-solutionist design", *Places*, Juli 2020: https://placesjournal.org/article/the-problem-with-solutions/?cn-reloaded=1

ein drittes Bier. Außerdem: Eine Ethik des Verzichts – und sei sie zu einer Verweigerungshaltung nach Art von Herman Melvilles Bartleby-Figur stilisiert, wie das um die Jahrtausendwende angesagt war – läuft *more often than not* darauf hinaus, nur niemanden zu stören (zumal niemanden von jenen mit den dominantesten Stimmen und größten Möglichkeiten, ihre Interessen ungestört zu verfolgen). Und schließlich läuft diese Art von Verzicht auf ein sich selbst absicherndes oder gar selbstnobilitierendes Verhalten hinaus: Lieber auf der sicheren Seite bleiben, saubere Hände haben, womöglich gar ‚reinen Herzens' sein.

Anstelle solcher Erteilung von *Absolution* ist *resolutes* Angehen von Problemlagen in Form von *nonsolution* gefordert. Ein ethisches Selbstverhältnis kommt dabei ins Spiel, gerade *weil* Verzicht auf Lösungshandeln keine sinnvolle Option ist. Gerade weil planerisch, entwerfend, (um)bauend eingegriffen, mittelbar politisch gehandelt wird, ist Kritik an der eigenen Rolle nötig, an der eigenen Machtposition als Expert:in für planerische Lösungen. Diese Selbstkritik dispensiert aber zugleich nicht davon, die eigene Expertise und Autorität für egalitäre politische Projekte zum Einsatz zu bringen. Insofern geht es um etwas anderes als um kritische Selbstreflexion, denn: Erstens findet die betreffende Kritik involviert bzw. immanent statt, weshalb das Einnehmen einer Reflexionshaltung, die ja typischerweise eine distanzierte ist, einiges an Selbsttäuschung mit sich brächte. Zweitens betrifft die Kritik nicht bloß eine:n selbst, sondern das Machtgefüge, das Expert:innen und Lai:innen unterscheidet und hierarchisiert; und die kritische Zurücknahme des Selbst und seiner symbolischen Kapitalien steht immer in Bezug zu anderen Akteur:innen in der jeweiligen planerisch-baulichen Problemsituation.

Viele kennen nur zu gut die triumphale Ansage, jemand habe ‚die Lösung' und habe sich durch diese Beglückung einiges an Dankbarkeit und Achtung verdient. Wenn solch eine Pose unterbleibt (was ja gut ist), dann entbindet diese Selbstzurücknahme

– also die Selbsterkenntnis, dass ‚ich ja auch nicht alles weiß' – nicht von einer Pflicht zum Handeln. Diese kommt einer *Pflicht zur Ausübung von Macht* gleich, was aber definitiv nicht ‚Herrschaft ausüben' bedeutet. Denn mit Hannah Arendt gesagt, ist Macht etwas, das – im Unterschied zu Stärke und Gewalt, auf denen Herrschaft beruht – im gemeinsam Handeln vieler entsteht, und dies nicht notwendig auf Basis umfassenden gesicherten Wissens.[42] Und in diesem gemeinsam Handeln gilt es, die Expert:innenrolle, bei aller Kritik an Bevormundung, doch auch zum Einsatz zu bringen, nämlich in Vertretung demokratischer Anliegen, die in der Bearbeitung einer Planungssituation anstehen. Das heißt, mit Gayatri Chakravorty Spivak gesagt, dass alles sich selbst zurücknehmende Hinhören auf Quasi-Subalterne, Sprachlose, auf von der Planung „Beplante" (Lucius Burckhardt) nicht in einer entproblematisierten, ethisch ‚reinen' Situation resultieren kann.[43] Es kann nicht ohne Momente der Übernahme von Vertretung ablaufen, in denen auch Kenntnisse und Expertisen in strategischer Hinsicht gewichtet werden müssen (ohne dass daraus eine expertokratische Hierarchie mit ihren dauerhaften Ausschlüssen wird; diesbezüglich ein Verhältnis zu finden, ist natürlich ein kontextspezifisches Problem – hier ist es zunächst einmal als ein unausweichliches mit einbezogen). Auch dort, wo ein Bündnis von Planenden mit Planungsbetroffenen ‚auf Augenhöhe' stattfindet, kann das Moment repräsentierender Stellvertretung auf Basis von Expertise, nämlich von Stellvertretung der Planenden für die Betroffenen, nicht durch die – wie auch immer löbliche – Etablierung solcher ‚Augenhöhe' erledigt

42 Vgl. Arendt, *Vita activa*, S. 251 ff.

43 Gayatri Chakravorty Spivak, „Can the Subaltern Speak?" [1988], in: Cary Nelson, Larry Grossberg (Hg.), *Marxism and the Interpretation of Culture*, Urbana, IL 1998, S. 74 ff.

werden.[44] Unser Vorschlag im Sinn der *nonsolution* lautet: Diese Handlungs- und Repräsentations-Situationen sind unvermeidlich; ebenso muss die Kritik an den unterschiedlichen Voraussetzungen der Beteiligten, zumal an Privilegien, im Spiel bleiben.

Unser Vorbehalt gegen eine ethische Haltung des „Verzichts auf eine Lösung" betrifft auch die nach wie vor verbreitete Pose oder Phrase, der zufolge jemand ‚nur Fragen stellen, keinesfalls Antworten geben' möchte. Was aber ist so falsch an Antworten? Und was ist so dauerhaft attraktiv an einem zur Orthodoxie geronnenen Offenlassen- und In-der-Schwebe-Halten-Wollen? Wir finden, wenig überraschend, eine radikale Kritik an *solutionism* und an Herrschaftseffekten, die sich im Beantworten von Fragen bzw. Lösen von Problemen ergeben können, besser als eine Phobie gegen Lösungen und Antworten per se.[45] Denn eine solche Abneigung leistet allzu oft einer antipolitischen Einstellung Vorschub. Diese Antipolitik erzielt ja ihrerseits politische Effekte, indem sie explizite, als solche kenntliche Antworten / Lösungen grundsätzlich verwirft – somit begünstigt sie aber die Kontinuität all der immer schon stattfindenden Setzungen und Formbildungen, die als ‚normal' gelten und nicht auffallen, weil sie den herrschenden Verhältnissen konform sind.

Das ist der Moment, das *non* in *nonsolution* in seiner Bestimmtheit wie auch in seinem Bedeutungsspielraum zu unterstreichen. *Nonsolution is a solution with a non.* Gehen wir von diesem Satz aus,

44 Für eine vertiefende Auseinandersetzung mit dieser Planungsfrage siehe: Gabu Heindl, „Agency und Dezentrierung der Expert*in", in: dies., *Stadtkonflikte. Radikale Demokratie in Architektur und Stadtplanung*, Wien 2020.

45 Bei einem unserer Vorträge zum Thema dieses Buches, 2023 an der AA (Architectural Association School of Architecture) in London, stellte die angehende Architektin Lok Sze Rachelle Yau die ergiebige Frage: „When is a solution better than a nonsolution?" Wir meinten darauf und meinen weiterhin: Eine *solution* ist immer besser als eine *nonsolution* – wenn sie im Zeichen der *nonsolution* erfolgt, um nämlich die Selbstzufriedenheit des ‚Nur-Fragens' wie auch die des ‚Lösung-gefunden-Habens' aufzubrechen.

gehen wir seinem Sinn nach; so spielerisch wie nötig, um das, was der Satz enthält, prägnant werden zu lassen. Der Reihe nach werden wir, mit zunehmend mehr Beispielen aus der Architekturpraxis, Bedeutungsfacetten dieses Sinns darlegen: das *non* als Fragezeichen; als Negation; als Kontext-Öffnung (siehe S. 48); als Markierung von Aufschub und Anonymität (siehe S. 54); als Aufruf zum Nichttun (siehe S. 74 ff.).

Erstens: In der eben angesprochenen Angelegenheit der häufig geäußerten Phobie gegen Antworten, von wegen ‚nur Fragen stellen', soll *nonsolution* einem Beharren auf Lösungen Rechnung tragen, einem Anspruch auf Antworten. Es geht sehr wohl um Lösung, *solution*, aber eben um eine, der ein *non* voransteht; dieses *non* bestreitet die Totalität der Lösung bzw. Antwort; das *non* hält so im Mitgehen mit der Lösung ein *Fragezeichen* aufrecht. Auf dass die Frage nicht in der Antwort verschwindet, sondern als Problem weiter insistiert. Zweitens hält das *non* das Moment von Konflikt, die Negation einer Position durch eine andere im Spiel, nämlich im Spiel der Lösungsansätze. Das *non* beugt auch einer Positivierung von Problemen als Tugenden vor: Die Behauptung, in jedem Problem stecke ein Gutes, zumal eine zu ergreifende Gelegenheit oder gar eine ‚Herausforderung' (in der heutigen Sprachregelung ist das Beklagen einer ‚Schwierigkeit' oder eines ‚Problems' nachgerade verpönt) – das ist ja ein wenig dem neoliberalen Kalenderspruch von der ‚Krise als Chance' nachgebildet (entsprechend dem Markt-Ideologem: Krisen sind Chancen im Sinn von Gelegenheiten zur Bereicherung ‚unternehmerisch' agierender Privatakteur:innen – und nicht etwa ein Anlass zur Erhöhung von Sozialleistungen für Massen von Krisenbetroffenen, geschweige denn eine revolutionäre Chance, wie es das früher mal gegeben zu haben scheint). *Nonsolution* zielt nicht darauf ab, Probleme kreativistisch, also im Kolorit des ‚Mach was draus!', schönzufärben, auch nicht darauf, Ambivalenz als Heilszustand zu fetischisieren, sondern vielmehr auf einen Sinn für

Gegenstrebigkeiten. Und Sinn dafür, dass erstrittene und weiter bestreitbare Teil-Schließungen als vorübergehende Lösungen von offenen gesellschaftlichen Problemsituationen und Vielheiten kein grundsätzliches Übel sind. Mit der radikaldemokratischen Theorie politischer Hegemonie von Oliver Marchart gesprochen, kann es in politischen Belangen, in der konfliktgeladenen Formung von Gesellschaft weder eine *vollständige* Schließung / Lösung geben noch *gar keine* Schließung / Lösung.[46] Wo gar nichts gelöst, keine Offenheit geschlossen, in einem verwandten Vokabular: kein Grund gelegt wird, dort herrscht im Gesellschaftlichen nicht einfach Offenheit, sondern dort herrschen Regimes derjenigen Agenturen, deren Interessen ohnehin dominieren (also meist private Gewinninteressen), ohne dass diese Agenturen ihre Lösungen / Schließungen / Gründungen als solche und damit als politische Setzungen ausweisen würden. Die Lösung – nehmen wir nun wieder dieses Wort als Behelfs-Synonym für Gründung und Schließung – ist im politisierten Gesellschaftlichen *unmöglich und unumgänglich zugleich*; und das ist an sich eine paradoxe Zuschreibung. Diese bedeutet zunächst, dass eine Lösung als vollständige unmöglich ist, was wiederum eine unumgängliche teilweise Lösung ermöglicht. Denn: Wäre eine Situation vollständig, ein für alle Mal, gelöst, dann wäre damit jeder Streit um andere, vielleicht divergierende Lösungen verhindert; damit wäre jede Politik und jede Geschichte – letztlich jede menschliche Gesellschaftlichkeit – beseitigt.

Das Gründungsparadox vom *unmöglichen Vollständigen* lässt sich ins *mögliche Teilweise* entparadoxieren. Aber: Dass diese Konstellation als ein Paradox eingeführt wird, respektive: dass wir die *nonsolution*, die ja ebenso paradox ist, starkmachen und nicht einfach von Teillösung, von *partial solution* und ähnlichem, spre-

46 Vgl. Oliver Marchart, *Die politische Differenz. Zum Denken des Politischen bei Nancy, Lefort, Badiou, Laclau und Agamben*, Berlin 2010.

chen, das fungiert als Negativ-Markierung. Diese Markierung bestreitet, dass die Sache mit einer Beschränkung auf Teillösungen ‚erledigt' wäre. Direkt von Teillösungen zu sprechen, käme einer technizistischen Vermeidung von politischen Agenden oder einer Bescheidenheit als Verzicht auf eine (komplette) Lösung gleich. In Abgrenzung dazu hält das *non* die Spannung, die über das Teilweise hinausreicht, aufrecht – die Forderung nach einem Mehr: mehr an Abbau von Herrschaft, mehr an Abbau von ungerechten Reichtums- und Arbeitsteilungen und Aufteilungen der Folgen der Klimakatastrophe. Um mit diesem Mehr hier etwas im Sinn von Utopie mit jener Zurückhaltung anzusprechen – aber *doch* (und nun sogar im Licht von Utopie) anzusprechen –, wie es dem Konzept *nonsolution* gebührt.

Noch ein Wort zur Ambivalenz und ihrer Überbewertung: Ganz auf das Offen- und Unbestimmtbleiben von Situationen zu setzen, das entspräche einer puristischen, letztlich ästhetizistischen Haltung. Ein im Ästhetischen formuliertes Votum fürs Offenhalten, auch wenn es mit einer Kritik des Lösungsdenkens verbunden ist, kann uns nicht als Modell (und auch nur bedingt als Inspiration) für politischen Streit um Lösungen dienen.[47]

47 So ist etwa Carolin Emckes Überlegungen in *Was wahr ist. Über Gewalt und Klima* (Göttingen 2024; S. 96–100) zuzustimmen, wenn sie fordert, die Dringlichkeit der Klimakatastrophe solle nicht zu einer Verhärtung und „*Verschlichtung*" (ein gutes Wort!) im Entwerfen und Propagieren von Lösungen führen. Ihr Anliegen ist es, „Klimaschutz […] als noch *ungelöste* Frage [zu] formulieren", um Leute einzubeziehen, die sonst durch ein Verordnen fixfertiger Maßnahmen auf Distanz gehalten wären: durch „Sprechen, das wissend daherkommt" und „sich als abgeschlossen [behauptet]", so als „bräuchten die anderen nur die Erkenntnis oder die richtige Anleitung, als wäre nichts Prozesshaftes mehr da". Emckes Kritik an Expertokratie und am Reduktionismus der „technischen Notwendigkeiten" ist stichhaltig. Allerdings vertraut sie zu sehr auf Hervorheben von „Widersprüchen", „Ambivalenzen" und Selbstzweifeln: Diese Einseitigkeit wäre an sich abstrakt, würde sie sich nicht ganz auf Fragen des *Erzählens* – „Erzählen im Angesicht der Klimakatastrophe" (und von Staatsgewalterfahrungen) – beschränken: „Wer erzählend eine Utopie kartographieren will, muss in diesen Erzählungen durchlässig bleiben. Es

Politisierte gesellschaftliche Wirklichkeiten und drängende Probleme würden in dieser Haltung missverstanden im Zeichen von Wohlgefallen an reiner Offenheit (oder gar an einem schicken Scheitern). Sich einer endlosen Unbestimmtheit und dem Nicht-Einfordern von Lösungen hinzugeben, dagegen spricht sich ja schon Deleuze aus, wiewohl er doch vielfach als Apologet der Unbestimmtheit (fehl)rezipiert und in Anspruch genommen wird: Seinem von uns eingangs zitierten Argument (siehe S. 16), wonach die „wahre Freiheit" darin liegt, „schon die Probleme selbst zu stellen", fügt Deleuze noch hinzu: Keineswegs „soll damit gesagt sein, allein die Probleme seien das Entscheidende. Im Gegenteil, auf die Lösung kommt es an; aber das Problem wird immer die Lösung finden, die es verdient: abhängig davon, wie man es stellt".[48] Und das heißt: Die Problemstellung ist selbst das Problem.

braucht lose Fäden, die heraushängen […] und weitergeknüpft werden können. Das Unfertige enthält eine Einladung", macht „Lust, sich zu beteiligen". In diesem dem postmodernen Kunst- und Literaturkanon folgenden Fokus auf Unfertigkeit und Uneindeutigkeit erscheint alle Politik, die über Partizipation an *„sozialen und kulturellen Möglichkeiten"* hinausginge, als falsch, weil zu eindeutig, zu resolut. Wir hingegen legen weiter unten dar, dass eine *Politik der nonsolution*, die Bündnisse anstrebt, ihre Setzungen gezielt in der Sprache strittiger Planung – mehr als in jener der Uneindeutigkeit – vornimmt.

48 Deleuze, *Bergson zur Einführung*, S. 27.

Raum der *nonsolution*: Handeln im Dilemma

„Zu verstehen, was das Problem ist, ist das Problem“, schreibt der Design- und Planungstheoretiker Horst Rittel.[49] Ihm zufolge sind naturwissenschaftliche Probleme lösbar, weil sie „definierbar und separierbar“ sind; Probleme im Bereich „sozialer und politischer Planung“ hingegen sind „schlecht definiert“.[50] Daraus resultiert ein Maß an Unlösbarkeit, herrührend von einem (radikalen, nicht bloß ‚quantitativen‘) Definitionsproblem. Für diese Unlösbarkeit prägt Rittel (auch in Kooperation mit Melvin M. Webber) verschiedene Bezeichnungen: *issues*, die nicht abzulösen sind von im Hintergrund lauernden *meta-issues*; Probleme, die sich als „Symptome“ anderer Probleme erweisen; oder die „unzuverlässig[e] politisch[e] Entscheidung für einen Lösungsbeschluß“, der im Gesellschaftlichen an die Stelle der Lösung tritt und der seinerseits wieder Probleme macht.[51] Rittels prominenteste Bezeichnung ist die Unterscheidung zwischen *wicked problems* in sozialen und *tame problems* in szientifisch definierten Bereichen, übersetzt: „bösartig“ und „zahm“. Letztlich sind wir in Planungsfragen im Gesellschaftlichen nicht mit einem Ungenügen nach naturwissenschaftlichem Genauigkeitsmaßstab konfrontiert. Einen solchen Aspekt der (Un-)Genauigkeit betont Lucius Burckhardt in seiner Referenz auf Rittel und unterscheidet seinerseits zwi-

49 Horst Rittel, *Die Denkweise von Designern* [1988], Hamburg 2023, S. 21. Weiterführend zu „Design als problemorientierte und nicht problemlösende Praxis“, mit Referenz auf Rittel und Erwähnung von „Nicht-Lösung“ bzw. „nonsolution“: Jesko Fezer, „Die Nicht-Lösung problematischer Probleme in der Wirklichkeit“, in: ders., Studio Experimentelles Design (Hg.), *Öffentliche Gestaltungsberatung – Public Design Support 2011–2016*, Berlin 2016, S. 84, 89.

50 Horst W. J. Rittel, Melvin M. Webber, „Dilemmas in einer allgemeinen Theorie der Planung“, in: Horst W. J. Rittel, *Planen, Entwerfen, Design: Ausgewählte Schriften zu Theorie und Methodik*, Stuttgart 1992, S. 21.

51 Rittel, *Die Denkweise von Designern*, S. 23 f.; Rittel, Webber, „Dilemmas in einer allgemeinen Theorie der Planung“, S. 21, 28 f.

schen „städtebaulichen“ und „ingenieursmäßigen“ Fragen: „[B]ei Ingenieuraufgaben ist die Fragestellung klar, so dass die Lösung erarbeitet werden kann. Bei städtebaulichen Problemen wäre das Finden der genauen Fragestellung identisch mit dem Finden der Lösung; oder anders ausgedrückt, städtebauliche Probleme sind nicht deshalb unlösbar, weil die Lösung zu schwierig zu errechnen ist, sondern deshalb, weil die Fragestellung nie genau genug erfasst werden kann. Wir haben es also mit dem zu tun, was der Mathematiker Horst Rittel ‚bösartige Probleme‘ nennt.“[52] Wir haben es aber auch nicht mit bloßer Unzuverlässigkeit zu tun, sondern mit ganz normalen Charakteristika der Politik. Bei Rittel mündet die Planungstheorie in den genuin politischen Bereich ein – dort, wo er die Positionsabhängigkeit und das Konflikthafte von Problemen betont;[53] wo er das Moment der Entscheidung im Positionen-Streit gerade nicht dezisionistisch kurzschließt, also nicht an ein einheitliches autoritäres oder künstlerisch-auktoriales Willenssubjekt rückbindet. Vielmehr geht er von der unvorhergesehenen Uneinheitlichkeit und Ausdifferenzierung aus, die im Gesellschaftlichen aus der Masse hervorgeht: aus einer eben nicht – nicht wie gedacht, wie es ‚sein sollte‘ – homogenen Masse.[54] Und dieser heterogenen Masse steht nicht eine stabile Wissens- und Entscheidungs-Instanz *gegenüber*; vielmehr ist erstens eine allwissende Theorie zur Lokalisierung des gesellschaftlich Guten nicht verfügbar; zweitens ist „der Experte“, der angeblich

52 Burckhardt, *Der kleinstmögliche Eingriff*, S. 27.

53 Entwurfsprobleme stellen sich „in einem Feld von Positionen, die jeweils mit widerstreitenden Argumenten verbunden sind“. Rittel, *Die Denkweise von Designern*, S. 23.

54 „Während der Fünfzigerjahre [… sagte] die quasi-soziologische Literatur eine Massengesellschaft voraus – in der Form einer eher homogenen Kultur, in der die meisten Menschen die gleichen Werte und Glaubenssätze hätten, gemeinsame Ziele verfolgten […]. Stattdessen werden die hochentwickelten Gesellschaften der westlichen Welt zunehmend heterogener […], immer differenzierter […].“ Rittel, Webber, „Dilemmas in einer allgemeinen Theorie der Planung“, S. 31 f.

‚alles' überblickt und weiß, für Rittel *mittendrin* – im Gesellschaftlichen, in der differenzierten Masse; er ist „Teilnehmer in einem politischen Spiel".[55]

Eine Lehre aus Rittels Überlegungen lautet: Das radikal Problematische – nicht bloß quantitativ Schwierige – betrifft die Probleme wie auch deren Lösungen. Im Raum des „politischen Spiels" bleiben Lösungen nicht einfach aus, wenn sie nicht eintreten (ebenso wenig wie es eine neutrale oder Null-Position gibt). Das ist die Art von *wickedness*, die auch auf jene Lösungen abstrahlt, die keine sind, aber dennoch kursieren; und von dieser Wesensqualität transportiert *nonsolution* einiges.

Für die handlungsorientiert denkende Wahrnehmung des Raums, in dem Pläne und Politik ‚gemacht' werden, heißt dies dreierlei: Erstens ist dies ein Raum grundlegender Erweiterung. *Nonsolution is a solution with a non*: Das *non* negiert die Selbstgenügsamkeit einer Lösung, es fordert zum Einbezug ihres Kontexts auf, und dieser Kontext ist mehr als Beiwerk, ist nicht bloß etwas, das ferner zu berücksichtigen ist, ‚wenn noch Zeit bleibt'. Zweitens handelt es sich um einen Raum des *Vermessenen*, im Doppelsinn: Da sind einerseits politische *Forderungen*, denen etwas grundlegend Vermessenes anhaftet – eine Nicht-Rückführbarkeit auf stabil tragende gesellschaftliche Positionen. Das heißt, es gehört zum Wesentlichen an politischen Ansprüchen, dass herrschende Verwaltungs- und Wirtschaftsmächte auf sie quasi mit ‚Was wollen *die* jetzt? Wer sind die denn überhaupt, dass sie glauben, sie könnten ...?' reagieren. Und anderseits zeigen sich vermachtete, intrinsische (nicht bloß an Flüchtigkeit

55 Ebd., S. 35. – Für Burckhardt (*Der kleinstmögliche Eingriff*, S. 37 ff.) ist das Quasi-Allwissen des „Experten" auch einer konformistischen Haltung geschuldet, denn dieser übernimmt vorauseilend jene „Reduktion der Information", durch welche die Lösungsmöglichkeiten weniger werden, und er weiß – bitter gesagt – ohnehin schon, „welche Lösungen unter den gegebenen Umständen in Frage kommen und welche nicht".

oder technischen Defekten des Maßstabs liegende) Messfehler; zeigen sich politisch geladene *wicked problems* in der Bemessung und Zumessung von gesellschaftlichem Raum, auf die wir gleich eingehen.[56] Drittens ist der Raum der Arbeit am Lösen von Problemen, die Probleme machen, ein Raum des *Resoluten im angehenden Handeln*, wie es Rittel nahelegt: Das Problematisch-Werden der Problemdefinition macht aus der Lösung des Problems eine bloße „Lösung" (in Anführungszeichen), so die Übersetzung ins Deutsche, also eine nicht wirkliche Lösung; in Rittels Originaltext ist da jedoch die Rede von einer – nein, nicht „nonsolution", auch nicht von einer „solution", sondern von einer „resolution": „Learning what the problem is IS the problem", und alles, was über das Problem gelernt werden kann, wird, so Rittel, zu einem Bestandteil seiner *resolution*.[57] Das Problem wird also *wicked* im Selbstbezug (das Problem des Problems), zugleich spaltet sich von der Lösung ein Double ab: eine nicht wirkliche Lösung bzw. ein „Lösungsbeschluss" (wie Rittels *resolution* ebenfalls übersetzt wird), der der Lösung vorangeht.[58]

No solution without resolution. Die Resolution, der Be- oder Entschluss zur Lösung: Auch wenn wir da nicht gleich an die Heidegger'sche Entschlossenheit denken müssen, haftet der *resolution* doch jenes nie ganz zu entsorgende Pathos einer vehement manifestierten Handlungsbereitschaft an, das, einmal mehr, aus dem Feld der Verwissenschaftlichung und ihres (Un-)Genügens in

56 Weiterführend: Heindl, *Stadtkonflikte*, Kap. 8: „Vermessen Fordern".

57 Rittel, *Die Denkweise von Designern*, S. 21; Horst W. J. Rittel, „The Reasoning of Designers", Arbeitspapier zum International Congress on Planning and Design Theory, Boston, August 1987, https://mafiles.maxfrischknecht.ch/media/pages/documentation/problem-oriented-design/1854400224-1613052907/rittel_the_reasoning_of_designers_university_of_california_berkeley.pdf, S. 2.

58 „Nicht Lösung = ‚solution', sondern Lösungsbeschluß = ‚resolution'. Soziale Probleme werden nie gelöst (solved). Bestenfalls erreicht man einen Lösungsbeschluß – immer wieder neu." Rittel, Webber, „Dilemmas in einer allgemeinen Theorie der Planung", S. 21.

das Feld der Politik, ihrer Forderungen und Ziele, hinüberführt. Oder auch (eine letzte Zuspitzung samt Rückführung): Grobheit der politischen Gerechtigkeit versus Genauigkeit wissenschaftlicher Rationalisierung, nämlich die „gute Grobheit", die laut Kracauer das – eben – *resolute Anpacken* konkreter Lebensereignisse der Massen bedeutet. Und das heißt: das entschlossene Angehen lebenswirklicher Probleme der Menschen, die nicht ideelle Wesen sind oder ideale Körper (wie jene der klassischen Geometrie), sondern Massen, die einer Gerechtigkeit bedürfen, die als Richtung ein gegenüber den herrschenden Ordnungen vermessenes Maß angibt (wie oben erörtert, S. 26).

Die Unmöglichkeit einer Lösung, die anders als vermessen wäre, konfrontiert das architektonische Projekt *Draußen im Gefängnis*, umgesetzt 2011 von *Gabu Heindl Architektur* im Rahmen von *Kunst am Bau* in der Haftanstalt für „Kurzzeit-Inhaftierte" in Krems bei Wien. Realisiert wurde ein Fußballplatz im engen Männerspazierhof dieses Gefängnisses. Bei der Lösung der *Kunst-am-Bau*-Wettbewerbsaufgabe stand das Architekturbüro vor einem Dilemma: Zum einen könnte Kunst im Fall des Gefängnisses dieses Einschließungssystem und seine Härten ja womöglich behübschen, somit rechtfertigen bzw. Kritik daran entwaffnen. Kunst könnte hier aber auch, zum anderen, auf Verweigerung abzielen: Verweigerung jeglicher wohlbefindlichen Einrichtung im falschen System, die dieses legitimiert. Weshalb es ultimativ ehrlicher wäre, den viel zu engen Hof nicht zu verbessern; mehr noch, man solle in diesem Sinn lieber nichts tun als etwas zu tun, das die politische Utopie einer Gesellschaft ohne Gefängnis verraten würde.

Nun heißt aber einen vorhandenen Gefängnishof verbessernd zu bearbeiten nicht, ein Gefängnis zu errichten (woran sich *Gabu Heindl Architektur* nicht beteiligen würde). Zum Ausgangsdilemma – behübschen oder verweigern – kommt noch ein der Planungspraxis näheres Problem hinzu: Konfrontiert mit einem

Extremfall von *räumlichem Existenzminimum* – winziger Hof für seltene Ausgänge ins ‚Freie' –, sollte da versucht werden, die Verbesserungen möglichst kreativ an den zu engen Raum anzupassen, sie also möglichst klein zu halten, um den Mangel an Raum zu kaschieren? Die Antwort lautet, wenig überraschend, nein. Aus dem Dilemma heraus, mit dem Vorsatz, trotzdem architektonisch, dabei aber kritisch zu handeln, entschloss sich das Architekturbüro, einen Fußballplatz in den dafür eigentlich viel zu engen Hof einzubauen, allerdings den Platz samt Bodenmarkierungen an den Hofmauern gleichsam hochzuklappen (siehe Abb. S. 92). Schlussendlich gab es also einen Fußballplatz (mit weichem Bodenbelag für diverse Sportarten), aber einen, der ostentativ nicht in den zu kleinen Hof hineinpasste. Diese planerisch-bauliche *nonsolution* – diese Lösung, die nichts löst, *aber doch irgendwie* – stellte innere Widersprüche dieses Bauprojekts aus. Wobei: Um Selbstreflexion geht es da selbstverständlich weit weniger als darum, einerseits das Unrecht der Enge dieses Hofes herauszustellen – schon klar: Die den Hof benützen, wissen ohnehin, dass er zu klein ist; die Architektur stimmt ihnen in dieser Einschätzung zu und hält damit die Perspektive des Nicht-Einverständnisses gegenüber dem Strafhaft-Raumsystem aufrecht. Anderseits geht es darum, doch ein Quantum an Verbesserung zu realisieren, in Hinblick auf Nutzungsansprüche, die seitens der Autoritäten vor Ort kaum anerkannt wurden (die Anstaltsleitung meinte, für Sporteinrichtungen im Hof sei kein Platz, Wachbeamte wiederum meinten, das Projekt im Spazierhof sei überhaupt überflüssig). Schließlich aber – auch das ist Teil von *nonsolution*-Denken als Handlungsimpuls – gilt es, sich hier keine Illusionen zu machen: Das Projekt quasi-anwaltschaftlicher Planung im Kremser Gefängnis hat weder die ‚Stimme der Ungehörten' erklingen lassen noch überhaupt eine durchschlagende Wirkung erzielt – allerdings auch nicht *keine* Wirkung erzielt; dies einerseits in Sachen Raum-Nutzbarkeit, anderseits in Sachen Kritik, die im Raum bleibt. So etwas wie Eigenlob für die optimale *nonsolution* ist jedenfalls unangebracht, und das wäre ja auch ein Selbstwiderspruch (kein willkommener in diesem Fall).

Nonsolution als Entgegnung zu Räumen, die zu wenig Raum geben: Der Fußballplatz von *Draußen im Gefängnis* ist *überbordend* gegenüber dem verfügbaren Raum; er fordert ein jetzt schon akut benötigtes Mehr. Mit *Überzähligkeit*, die in den geplanten Raum integriert ist, operieren hingegen Formen mit Zügen von *nonsolution* wie etwa Lucius Burckhardts Gedanke vom „Raumpolster", dem zufolge ein „zweckfreies Zimmer" nach Art einer „guten Stube" in Häuser und Wohnungen eingeplant werden soll.[59] Das entspricht der strukturellen Denkfigur der Einplanung eines Extras ohne (gegenwärtigen) Zweck, eines Möglichkeitsraums für zukünftige Aneignung. Die Masse, die das Unbestimmte am Gesamt einer Gesellschaft verkörpert, ist erst komplett, wenn sie „die notwendigen Lücken" beinhaltet (wie Kracauer schrieb, siehe oben, S. 31). Das heißt auch: Alle sind mehr als gezählte 100 Prozent, weshalb die räumliche Lösung für ihre Ansprüche notwendig ein *nonsolutionales* Über-sich-Hinausgehen umfassen muss – ein „viertes Drittel" für nicht vergegenwärtigte Leute und Nutzungen.[60] Schon klar: Leute sind keine „Lücken", die es einzuräumen gilt; sie sind Kommende oder Übergangene. *Nonsolution*-Denken fordert, (architektonisches) Handeln vehement auch an jenen zu orientieren, die in Macht- und Reichtumsverteilungen

59 Vgl. Lucius Burckhardt, „Wohn-Bedürfnisse" [1970], in: ders., *Wer plant die Planung? Architektur, Politik und Mensch*, Berlin 2004, S. 263.

60 *Das Vierte Drittel* hieß eine Installation am Wiener Nordbahnhofgelände, die Can Gülcü und Gabu Heindl 2017 im Kontext der Ausstellung *Care + Repair* des Architekturzentrums Wien (AzW) entwickelt hatten (siehe Abb. S. 93). Ihr Thema war der fehlende Wohn- wie auch Außenraum, zumal zum Gärtnern, für Bewohner:innen des Wiener *Integrationshauses*. Vgl. Angelika Fitz, Elke Krasny (Hg.), *Critical Care. Architecture and Urbanism for a Broken Planet*, Wien, Cambridge, MA 2019.

nicht zählen bzw. die erst noch kommen – etwa durch Migration oder als künftige (in akuter Erderhitzung aufwachsende) Bevölkerungen.

An dieser Stelle ein Wort zum Problem Obdachlosigkeit und einem Dilemma der Ansätze zu seiner Lösung. Zweifellos muss Obdachlosigkeit strukturell, das heißt: langfristig angegangen werden, zum Beispiel durch Housing-First-Wohnungen. Zugleich aber können Obdachlose nicht bis dahin unversorgt auf der Straße sich selbst überlassen bleiben. Sondern es bedarf – unter Wahrung der Selbstbestimmung der Betroffenen (manche wollen eine solche Form der Unterstützung nicht) – auch der Verteilung von Essen, von Schlafsäcken und Hilfspaketen, der Bereitstellung von Schlafquartieren. Diese kurzfristigen Maßnahmen, diese Notlösungen, die eben akute Not ein wenig lindern, ja sogar oft unmittelbarer Lebensgefahr begegnen, dürfen jedoch nicht bewirken, dass Aufmerksamkeit und Mittel für eine umfassende, grundsätzlich-strukturelle Lösung fehlen. Dieses Dilemma, bei dem zwei Vorgehensweisen einander blockieren, lässt sich strategisch ausformen zu einem Phasenmodell. Die Abfolge betrifft zum einen Problemlösungs-Phasen, zum anderen aber auch eine Abfolge von Einwänden und Forderungen im Zeichen der Kritik am Paternalismus von Stadtverwaltungen: Wenn etwa die Stadt Wien für die dortigen Obdachlosen ein „Winterpaket" bereitstellt, dann gilt es, darüber hinaus ein „Sommerpaket" (Initiative Sommerpaket: https://sommerpaket.noblogs.org), mehr noch: ein „Ganzjahrespaket" zu fordern, weil Obdachlosigkeit mit dem Ende der saisonalen Erfrierungsgefahr nicht vorbei ist – und *darüber* hinaus gilt es, überhaupt die Logik des „Pakets", die auch die Konnotation eines Geschenk(paket)s der Obrigkeit an Befürsorgte mitführt, infrage zu stellen; stattdessen braucht es Wohnen (Housing First) als universelles Recht.

Zeit der *nonsolution*: *Buying time*

Es ging im vorigen Abschnitt um einen Raum der unvermeidlichen Erweiterungen im Handeln; diese führen zu Kontexten, die nicht mitgedacht, zu Ansprüchen, die nicht mitgezählt wurden. Erweitern wir diesen Raum nun ins *Zeitliche*, kommen wir zur Zeit der *nonsolution*. Gehen wir wieder von unserem verdichteten Satz aus: *Nonsolution is a solution with a non*. Das gilt – zumal als Spruch, also ausgesprochen – auch im Sinn von: *Nonsolution is a solution with anon*. „Anon" kommt hier als veraltetes englisches Wort, das so viel wie „bald" bedeutet, ins Spiel und ebenso als Abkürzung von „anonym(ous)".[61] Planerisch-bauliche Lösungen müssen (auch wenn das schwierig ist) auch jene einbeziehen, die noch nicht hier sind, sondern bald hinzukommen (künftige Generationen, migrantische Sozietäten, neue gesellschaftliche Gruppenbildungen); diese haben allerdings weder ausdefinierte Identitäten noch ‚Namen' im Sinn von symbolischem Gewicht, sie sind in diesem Sinn also anyonym.

Wir verstehen Anonymität in großer Nähe zur Unbestimmtheit – einer Unbestimmtheit, die es einzubeziehen, nicht zu zelebrieren gilt. Wenn das *nonsolution*-Denken der so verstandenen Anonymität einiges abgewinnt, dann im Bezug zur Masse – zu ihren sich erst zeigenden Möglichkeiten und Wahrheiten (zur

61 Selbstredend steht das hier Folgende in krassem Gegensatz zu jenem ideologischen Phänomen, das seit dem Aufstieg des Trumpismus prominent mit der Abkürzung „anon" assoziiert ist: zu rechten QAnon-Netzwerken und ihren Verschwörungsfantasien. Dem wirren Weltbild von QAnon (und seinen Verwandten in rechten Blasen) ist eigentümlich, dass es erstens im überschießenden Ausmaß *immer schon alles weiß*, anstatt zu erfahren oder zu diagnostizieren, und dass es zweitens notorisch weiß, *wer* daran schuld sein soll, dass ein für sie als Normal-Identität vorausgesetztes ‚Volk' von seiner Vollständigkeit, vom ‚Ganz-wir-selbst-Sein', getrennt ist: Als Sündenböcke attackiert werden dann ethnisierte Andere, denormalisierte Gender sowie Gruppen, die Anteil am ungleich verteilten Reichtum oder Maßnahmen zur Milderung der Klimakatastrophen-Effekte fordern.

Bejahung von Anonymität in Kracauers Zugang zur Wahrheit der Masse siehe oben, Fußn. 34). Als Zeichen für Baldiges wiederum fordert „anon“, dreierlei in Betracht zu ziehen: erstens Zukunft im emphatischen Sinn der Zeitlichkeit des Unbestimmten; zweitens Zukunft als Kommendes im Sinn eines utopischen Voraus-Denkens politischer Forderungen; drittens aber etwas, das *wirklich bald* kommen soll, also ein strategisch angepeiltes Zukünftiges, das nicht auf den Sankt-Nimmerleins-Tag verschoben werden kann. Ein Pendant hat diese Auffassung dort, wo Jacques Derrida als politischer Denker des Aufschubs (der dem Kracauer'schen Warten nicht fernsteht, dazu gleich mehr) nichtsdestotrotz festhält, dass „die Gerechtigkeit nicht wartet“, sondern immer dringlich ist.[62] Aufschub – ja, aber als Schub! Das heißt: Die Aufschubs-Markierung, das „anon“, beharrt darauf, dass Lösungen vorläufig bleiben, in unserem Sinn also gebunden an resolute Ausrichtung auf die grundsätzliche, nicht bloß behelfsmäßige oder technisch-administrative Bearbeitung eines Problems. Der politische Name dieser Grundsätzlichkeit lautet *Radikalität.*

Die Radikalität, die wir meinen, umfasst beides: Ausrichtung auf das Grundsätzliche wie auch die Teil-Lösungen, die in dieser (Aus-)Richtung erfolgen; beide stellen einander infrage, ohne aber einander zu devalidieren, durchzustreichen. In diesem Zusammenhang steht *nonsolution*-Denken kritisch zu Maximalismus und Purismus: *Nonsolution* ist radikal, nicht fundamentalistisch oder rein; sie steht also entgegen einer Haltung, die maximalistisch deklariert: „Wenn ich nicht alles erreiche, will ich gar nichts!“, oder einer, die sich puristisch distanziert von

62 „So wenig sie sich auch vergegenwärtigen, präsentieren, darstellen läßt: die Gerechtigkeit wartet nicht. Sie ist jenes was nicht warten darf, was nicht warten muß. [...] Eine gerechte, angemessene Entscheidung ist immer sofort, *unmittelbar* erforderlich, [...] kann sich nicht zuerst eine unendliche Information besorgen [...].“ Jacques Derrida, *Gesetzeskraft. Der „mystische Grund der Autorität“* [1990], Frankfurt / M. 1991, S. 53 f.

prinzipiell allen Lösungen, die kompromittiert oder verunreinigt sein könnten. Des Weiteren ist *nonsolution* radikal, aber nicht extrem oder rigoros, nicht ‚hart' bzw. ethisch überfordernd: Aus der Unmöglichkeit einer vollständigen Gründung, einer ultimativen Lösung folgt gerade deren Unvermeidlichkeit und das, was sie fordert. Sie fordert allerdings nicht primär heroische Akte, sondern durchaus auch kleine Schritte, aber in eine Richtung, mit einer umfassenden Perspektive. Das ist nun nicht als eine Mahnung zu verstehen, man solle in der (Planungs-)Politik doch bitte kompromissbereiter sein. Vielmehr votiert *nonsolution* für eine planungspolitische Zeitlichkeit im Sinn von nicht-reformistischer Reform, und das heißt: Auch eine ‚bloß reformistische' Maßnahme hält Kontakt zu einem radikaleren Ziel, zu radikaleren Aktionen und verbessert Bedingungen für deren zukünftige Realisierung. Das von André Gorz Mitte der 1960er Jahre geprägte Konzept einer *nicht-reformistischen Reform*, die nicht den Kapitalismus als System verbessern, sondern in ihm Gegenmächte etablieren soll, die über ihn hinausweisen, wurde später unter anderen von Susan Fainstein aufgegriffen. Fainstein, eine Planungstheoretikerin, die auf demokratisch-diversifizierte Chancen-gleichheit als Planungskriterium abzielt, rekurriert auf Nancy Fraser als Mittlerin einer Auffassung von *non-reformist reforms*. Innerhalb gegebener Machtverhältnisse leisten solche Reformen dies: „they set in motion a trajectory of change in which more radical reforms become practicable over time."[63]

Das *non*-Moment in der nicht-reformistischen Reform verhindert, dass die betreffende Reform restlos positiv gesetzt würde und so ihrerseits zur Verhinderung der – für überflüssig erklärten – Revolution geriete. Revolution ist ein gängiger, pathosgeladener Name für radikale gesellschaftliche Veränderungen. Nüchterner gesagt, zielt eine Politik nicht-reformistischer Reformen darauf,

63 Susan Fainstein, *The Just City*, London, Ithaca 2010, S. 17 f.

Reformmaßnahmen von partiellem oder technischem Charakter zur Grundsätzlichkeit des politischen Ganzen, das auf dem Spiel steht, zu erheben: Besagte Maßnahmen werden so im Licht dieses unmöglichen Ganzen situiert, damit diese Ganzheits- und Grundsatzfrage insistierend mit hereinstrahlt, anstatt es bei der Teillösung bewenden zu lassen. Hier zeigen sich Berührungspunkte unserer Überlegungen mit dem Revolutionskonzept in Eva von Redeckers Fusion aus Ökofeminismus, Kritischer Theorie, Care Revolution und Eigentumstheorie: „Die Unmöglichkeit einer plötzlichen Kehrtwende muss nicht zur Verzweiflung an der Revolution führen. Denn diese muss nicht notwendig als große Kaperung vorgestellt werden. Kein grandioser Kipppunkt, an dem jäh die Köpfe rollen [...], sondern ein langsamer, aber allgegenwärtiger Umbau des Alltags." – „Ein anderes Verhältnis zueinander [...] zielt aufs Ganze, kann aber im ganz Kleinen begonnen und geübt werden."[64]

Erhebung einer Teilforderung zum umfassenden Status eines Ziels, das für das unmögliche Ganze und den unerreichbaren Grund von Gesellschaft einstehen kann – dieser Gedanke entstammt der Hegemonie- und Demokratietheorie.[65] Während diese Konzeption (der wir uns verbunden fühlen) bis zu einem gewissen Grad auf ein regelrechtes Aufblasen partieller oder technischer Lösungen als deren Politisierung hinausläuft, macht die Sozialphilosophin Rahel Jaeggi das Gegenteil stark: eine Deflationierung, nämlich in ihrer Fortschrittstheorie, die um Fragen der Problemlösung kreist und auch nicht-reformistische Reformen berührt. Letzteres in Jaeggis Auseinandersetzung mit Axel Honneth, demzufolge Revolutionen heute unwahrscheinlich seien, Reformen aber, als „vertiefende Einlösungen" gültiger Ideal-Normen, weiterhin möglich wären. Dem entgegnet

64 Eva von Redecker, *Revolution für das Leben. Philosophie der neuen Protestformen*, Frankfurt / M. 2020, S. 147, 291.

65 Vgl. etwa Ernesto Laclau, *On Populist Reason*, London, New York 2005, S. 112 ff.

nun Jaeggi: Die strikte Unterscheidung zwischen Revolution und Reform sei nicht haltbar, da jede politische Veränderung, auch wenn sie sich als Totalbruch geriere, restitutive und rekonstruktive Elemente enthalte. Laut Jaeggi steckt gewissermaßen in jeder Revolution eine Reform; hingegen heben wir (etwa mit Silvia Federici) eher darauf ab, dass in jeder Reform etwas Revolutionäres stecken kann. Jaeggis ‚Herunterfahren' von Revolutionspathos auf Reformniveau entspricht allerdings ihrem dezidierten Anliegen einer Konzeption sozialer und politischer Fortschritte, die „nichtteleologisch" und „‚deflationiert'" ist; und zwar dadurch, dass sie die politisch aufgeladene Kategorie des *Ziels* durch die sozialtechnisch gefasste der *Problemlösung* ersetzt: „Gesellschaften haben kein Ziel, sie lösen Probleme", lautet Jaeggis Formel. Das hat ein an *nonsolution* erinnerndes Moment, insofern die „Qualität der Problemlösung" nicht abschlusshaft sein soll, sondern – und da endet die *nonsolution*-Korrespondenz auch schon – sich nach der „Qualität des Problemlösungs*prozesses*" bemisst, dem wiederum das Positiv-Attribut „fortschrittlich", im Gegensatz zu „regressiv", dann zukommt, wenn der Lösungsprozess weitere offene, „lernende Erfahrungen" ermöglicht.[66] Aber: Prozess ist nicht alles; zumal wenn das Ziel weg ist. Und Gesellschaften „haben" nichts außer Spaltungen; darum kann auch nicht eine angeblich einheitliche Agentur namens Gesellschaft „Probleme lösen".[67]

66 Rahel Jaeggi, *Fortschritt und Regression*, Berlin 2023, S. 38, 43, 80 ff., 139, 172, 186.

67 Mit ihrer Deflationierung, die dem sozialen Wandel das Ziel-Pathos und tendenziell auch die (konflikthafte) Politik streitig macht, verfällt Jaeggis Regressionskritik in einen technizistischen Jargon. Etwa wenn sie von „Lebensformen" als „Problemlösungsinstanzen zweiter Ordnung" spricht (zum Beispiel: Klimakrise als Problem erster Ordnung, eine sie leugnende Lebensweise als Problem zweiter Ordnung; ebd., S. 145 ff.); oder wenn sie Faschismus und Nationalismus, als einen Zentralschauplatz gesellschaftlicher Regression, in ein wissenschaftlich-technisch gefärbtes Schema der (verfehlten) Problemlösung presst. Das heißt dann bei Jaeggi: Nationalsozialismus ist „ein inadäquater

Ein (älteres) Beispiel dafür, wie nicht-reformistische Reform dezidiert *politisch* konzipiert ist, bietet der feministische Kampf um *Wages Against Housework*, den Silvia Federici 1975 unter diesem provokant paradoxalen Titel konzipiert: Wenn linke Frauenbewegungen fordern, weiblich gegenderte Haus- und Sorgearbeit auf Lohnbasis zu bezahlen, dann sei dies nicht als eine Strategie zur Eingliederung von Frauen in kapitalistische Lohnarbeitsverhältnisse zu verstehen. Denn, so Federici, Frauen waren ja immer schon Teil dieser Verhältnisse, nur eben als unbezahlte Reproduzentinnen männlicher Lohnarbeitskräfte. Und überdies sei die Hausarbeits-Lohn-Agenda eben nicht als Teil der Ausweitung gegebener Normal-Herrschaftsverhältnisse zu verstehen; vielmehr sei diese Forderung – eine Reform-Forderung, die allerdings so weit geht, dass sie bis heute kaum irgendwo umgesetzt ist – Teil einer *revolutionären Perspektive*. Und zwar deshalb, weil Hausarbeitsentlohnung bessere Bedingungen für die militante

Mechanismus der Krisenbewältigung und eine unangemessene Weise der Verarbeitung von Erfahrung"; Nationalismus ist ein „Kategorienfehler", der „den weiteren Prozess der Bearbeitung von Problemen [behindert]"; [Proto-] Faschismus ist eine „inadäquate Reaktion auf einen sozialen Wandel" bzw. ein „unangemessene[r] Bezug zur Wirklichkeit" (ebd., S. 228, 230, 234, 245). Diese Definitionen träfen aber auf Frömmigkeit oder Alkoholismus ebenso gut zu; was verdeutlicht, dass Jaeggi uns hier außerhalb der Politik situiert. Im sozialtechnizistischen Verkennen von Politik und Geschichte als Erkenntnisprozesse in Sachen Problemlösung wird Jaeggi von Honneth noch übertroffen: Er versteht soziale und politische Bewegungen als reine Problemlösungslaboratorien. So heißt Sozialismus für Honneth primär „experimentelle Erprobungen" auf der „Suche" nach der „umfassendste[n] Antwort auf eine als gesellschaftlich problematisch angesehene Situation", bzw. heißt er „ungezwungen[e] Kommunikation der Gesellschaftsmitglieder zum Zwecke der intelligenten Problemlösung" (Letztere nennt Honneth auch „stabiler[e] Lösungen"). In dieser Schwundform von Politik sind Hegemoniekonflikte und soziale Kämpfe szientistisch entsorgt bzw. in stabilitätsbesorgte Kommunikation kluger Köpfe umgewandelt (vgl. Axel Honneth, *Die Idee des Sozialismus. Versuch einer Aktualisierung*, Berlin 2015, S. 50, 97, 99). Dem *non* in *nonsolution* denken wir nicht zuletzt die Funktion zu, solch einer konzeptuellen Flucht aus der Politik ins Erkenntnisgewinn- und Problemlösungs-Management zu widersprechen.

Einheit der arbeitenden Klassen schaffe; weil sie auch die Männer befreie (aus ihrer ‚Herr im Haus'-Rolle); und weil die Lohnforderung gerade nicht auf korrekte Erledigung, sondern auf *Verweigerung* der Hausarbeit gerichtet sei, insofern der Lohn die Gender-Festlegung von Sorgearbeit denaturalisiert und somit bestreitbar macht („It is the demand by which our nature ends and our struggle begins"[68]). Ultimativ ziele Hausarbeitslohn als ein Beginn auf Abschaffung des gesamten Lohnarbeitssystems, in dem die meisten nichts besitzen als ihre Arbeitskraft, die sie verkaufen. Eben nicht *wages for housework*, sondern *wages against housework*. Das entspricht einer *nonsolutionalen* Dialektik im Konzept der nicht-reformistischen Reform: Lohn fordern, um sein System abzuschaffen.

Etwas anders verhält es sich heute beim (zunächst nicht intendierten) Nicht-reformistische-Reform-Aspekt der Initiative *Deutsche Wohnen & Co enteignen*, die, beginnend in Berlin, seit 2018 läuft (https://dwenteignen.de). Schematisch gesagt, sieht hier der politische Prozess so aus: Da ist zunächst die quasi-revolutionäre Forderung nach einem Zwangsverkauf – grundgesetzkonform und zu festgelegtem Preis unter dem Marktwert – des gesamten Häuserbestandes großer privater profitorientierter Immobilienkonzerne an die öffentliche Hand, wofür das aufgeladene Wort „Enteignung" steht. Nach Widerständen seitens des Immobilienkapitals und seiner politischen Vertreter:innen erweist sich aber bloß der marktkonforme Rückkauf einzelner Immobilien als vorerst realpolitisch gangbarer Weg. Nachhaltig und mehr als nur ‚reformistischer' Kompromiss ist diese Kampagne dennoch, zumindest insofern sie der Ausrichtung auf umfassenden Zwangsverkauf als Ziel verpflichtet bleibt; sie ist diesem Ziel nicht abträglich, desavouiert es nicht; vielmehr gewinnt das Kon-

68 Silvia Federici, „Wages against Housework" [1975], in: dies., *Revolution at Point Zero. Housework, Reproduction, and Feminist Struggle*, Oakland 2012, S. 18.

zept Enteignung dadurch, dass die Betreiber:innen der Kampagne das umstrittene Wort beibehalten, an Legitimität und Reichweite in medialen und diskursiven Räumen der tagespolitischen Auseinandersetzung. Öffentlichkeiten gewöhnen sich an das Wort „Enteignung" und daran, dass es nichts Schlimmes benennt.[69]

Diese *nonsolutionale* Zeitlogik nicht-reformistischer Reformen hat etwas vom hegemoniepolitischen Konzept des *Stellungskriegs* mit seinen langsamen Geländeverschiebungen (die Metapher geht theoriegeschichtlich auf den Ersten Weltkrieg zurück). Politisch *radikal* handeln heißt: ohne Fixierung auf das Pathos des schlagartigen Totalbruchs bzw. der definitiven allumfassenden Lösung. Und es bedeutet, jeden kleinen Geländegewinn – jede errungene Reform und jede Neutralisierung einer diskursiven Position der Gegenseite – anzuerkennen und zu nutzen. Aber – das ist nun wieder der *nonsolutionale* Zusatz – sich nicht auf den großen Umbruch zu fixieren, bedeutet nicht, ihn ganz aufzugeben, sich mit der ‚Allmählichkeit' abzufinden; stattdessen bleibt Nachdruck auf der radikalen Agenda und bleiben Chancen im

69 Beim diesbezüglichen Berliner Volksentscheid 2021 unterstützten knapp 60 Prozent der gültigen Stimmen dieses Anliegen. Dazu noch ein Beispiel aus Österreich: Dortige Öffentlichkeiten gewöhnten sich Anfang der 2020er Jahre daran, dass die Kommunistische Partei (KPÖ), nach Aufarbeitung ihrer stalinistischen Vergangenheit und durch politische Fokussierung auf leistbares Wohnen, von einer Marginalpartei zu einer in den Städten Graz und Salzburg prägenden Kraft aufstieg (Bürgermeisterin bzw. Vize). Parallel dazu wandelte sich, aufgrund hartnäckiger Arbeit verschiedener Parteien und Diskursträger:innen links der Mitte, das Konzept einer *Leerstandsabgabe* von einem Schreckenswort (das die Kapitalseite als solches ventiliert) zu einer Agenda mit zwei Drittel Zustimmung in der Bevölkerung. Nicht nur das, auch die Forderung, große Wohnbaukonzerne zu enteignen, trifft nun – da Leerstands-Steuer ihre Schrecken verloren hat und Enteignung in Zeiten der Wohnungs- und Verteilungskrise als legitime Option im Raum steht – auf gleich viel Zustimmung wie Ablehnung (50:50). Selbst einige Befragte, die sich als Wähler:innen der Unternehmer:innenpartei ÖVP deklarieren, unterstützen die Enteignungsforderung (Zahlen laut einer in der linksliberalen Tageszeitung *Der Standard* groß, mit Titelblatt-Schlagzeile, publizierten Market-Umfrage, vgl. Conrad Seidl, „KPÖ besetzt das Thema Wohnen", *Der Standard* 26.2.2024, S. 1, 5).

Blickfeld, zeitweise vom Stellungs- in den Bewegungskampf überzugehen. Die Kriegsmetaphorik soll uns allerdings nicht irreführen: Es geht bei der Hegemoniepolitik nicht-reformistischer Reformen zwar um Konflikte, in denen etwas erstritten wird, aber nicht um martialische Kampfschauplätze und Donnerschläge.

Auch ein Schulbau kann zum Ort einer solchen *nonsolution* werden, in der ein Aufschub für noch Kommendes, durch das eine Lösung umfassender wird, sich verbindet mit dem Beharren auf baldiges Weiterarbeiten an der unvollständigen Lösung. Als Beispiel wieder ein Projekt von *Gabu Heindl Architektur*: Bei Erweiterungsbauten an einem Gymnasium in Wiener Neustadt wurde 2013 eine Dachterrasse realisiert, allerdings aus Kostengründen und wegen Widerstands der Auftraggeber:innenseite deutlich kleiner als geplant (siehe Abb. S. 94). Das Architekturbüro hätte für die Schüler:innen und das Schulpersonal gerne mehr Freiraum auf dem Dach umgesetzt. Die weniger groß realisierte Dachterrasse fungiert nun allerdings als Vorgriff auf eine umfassendere Lösung in der Zukunft. Vorgriff zum einen im technischen Sinn: Die im Bauprozess mit errichteten Vorinstallationen auf dem Dach stellen gute Ausgangsbedingungen für künftige Erweiterungen der Dachterrasse bereit. Vorgriff aber auch in einem planungs- und verteilungspolitischen Sinn, denn: Auf die Absicht zur Ausführung des kostspieligen Dachterrassen-Baus auf dem betreffenden Gymnasium reagierte ein hochrangiger Vertreter der Landesschulbehörde mit dem Bedenken, wenn diese *eine* Schule nun eine Dachterrasse erhalte, würden alle anderen Schulen ebenso eine solche fordern. Genau das jedoch, also die demokratische Verallgemeinerbarkeit dieser Maßnahme zur Verbesserung eines Schulgebäudes, dieser Übergang von einem punktuellen (und ohnehin bescheidenen) Quasi-Luxus zu einem Massen-Kriterium, wurde regelrecht zu einem Ansporn für das Architekturbüro, auf den Bau der Dachterrasse zu beharren und in der Folge, bei Präsentationen des Projekts, das verwaltungsseitig befürchtete „Dann wollen's irgendwann alle"-Phänomen als eine durchaus unterstützenswerte Forderung anzusprechen.

Einen *sichtbaren* fassadengestalterischen Vorgriff auf künftige Erweiterungsoptionen, der als ein *non*-Zusatz zur baulichen *solution* fungiert, präsentiert die Wohnbebauung des Architekten Hermann Czech in der Brunner Gasse in Perchtoldsdorf bei Wien (1989–1994). Das Erscheinungsbild der Häuser ist von Einschreibungen für größere Fensteröffnungen im Fassadenputz geprägt, die sich rund um (bzw. eckig um) die faktisch gebauten Fenster abzeichnen (siehe Abb. S. 95). Das ironische Spiel mit dem doppelten Fenster-Umriss appelliert an ein Überschreiten des Baukosten-Sachzwangs durch *self-customizing* und Weiter- bzw. Umbauen in einer Zukunft, die hier als Alternative vergegenwärtigt ist, nämlich durch *Auflösung* der funktionalen und formalen Geschlossenheit einer Lösung.

Die Zeit der *nonsolution* ist der Aufschub, das Handeln, das zugleich Zeit gewinnen will: *buying time*. Zunächst, um Optionen im Spiel zu belassen, eine Form zu bilden, die anderen Formen Raum gibt und doch nicht zerfällt. Ohne deshalb gleich in Schwebe zu verbleiben, ist doch Umsicht angebracht bei Ausschließungen, die ein Tun oder ein Plan vornimmt. „Planer lassen sich als ‚mutig' bejubeln, wenn sie hastige Entschlüsse treffen", moniert Burckhardt zu Recht. Das symbolische wie auch finanzielle Kapital, das sich durch Tempo im ‚Machen' akkumulieren lässt, hat sich seit Burckhardts Wirkungszeit noch erhöht.[70] „[D]as planmäßige Hinausschieben von Entscheidungen", so Burckhardt entgegnend, „[ist] die beste Planung", und zwar weil mehr an Information hinzukomme, vor allem aber weil das „Hin

70 Ein (auch schon historisches) Beispiel dafür ist der rasante Abriss von Wohnbauten in Städten der ehemaligen DDR nach der Wende; gegenwärtig fehlt es in den betroffenen Vierteln und Regionen an leistbarem Wohnraum (und heutige vorschnelle Abrisse werden in ähnlichem Fehlen resultieren).

ausschieben der Entscheidung bedeutet, dass mehr Betroffene partizipieren können", mehr zunächst Nicht-Einbezogene ins Spiel hereingeholt werden: „Hinausschiebende Planung ist auch eine Demokratisierung von Planung."[71] Planen ist Handeln, und der Aufschub ist Teil davon (ist keine Prokrastination und kein Nicht-Geschehen).

Noch ein Beispiel aus der eigenen Planungspraxis bietet das (nicht umgesetzte) Memorial-Projekt *The Monument May Be a Forest* von Eduard Freudmann und Gabu Heindl, erstplatziert beim internationalen Wettbewerb *From Those You Saved*, den die Warschauer Stiftung Remembrance and Future 2015 organisierte. Die zu lösende Planungs- und Bauaufgabe bestand in einem Denkmal für nichtjüdische Pol:innen, die während des Holocaust verfolgten Jüdinnen und Juden geholfen hatten. Der Haupttitel der ersten Projektphase *The Monument Is a Forest* spaltete sich in der zweiten Phase in fünf Titel auf, die zugleich Ausformungen des Projekts sind und die eine diesem innewohnende Verzeitlichung verdeutlichen: *The Monument Is a Dilemma*, weil, so die Ausgangssituation, das Monument nicht warten konnte, zumal der jüdische Holocaust-Überlebende, der das Projekt finanziert hatte, bereits sehr alt war und das Monument, als Dank an seine Retter:innen, noch erleben wollte. Zugleich aber – hierin liegt das Dilemma – war für das Monument ein hochfragwürdiger Ort, nämlich das Gelände des ehemaligen Warschauer Ghettos, vorgesehen, mithin ein Ort, der dem Erinnern an jüdisches Leid vorbehalten bleiben, der nicht von nun an der Würdigung der – ohnedies allzu seltenen – Rettung durch nichtjüdische Pol:innen dienen sollte. Daher die Zwischenlösung: *The Monument Is a Forest Nursery*, zunächst (nur) eine Baumschule, ein kleiner Wald, der umgehend an diesem in der Kritik stehenden Ort errichtet werden konnte, allerdings auf Zeit (ungefähr zwei Jahre), bis für die

71 Burckhardt, *Der kleinstmögliche Eingriff*, S. 52.

Projekt-Hauptidee, gemeinsam mit polnischen Jugendlichen einen Wald als Erinnerung an die Retter:innen zu pflanzen, ein Ort gefunden sein würde (siehe Abb. S. 96). Dafür steht denn auch *The Monument Is a Process*: für den Prozess demokratischer Einigung über den schlussendlichen Ort des dauerhaften großen Wald-Memorials. Dieser Aufschub diente nicht dem Ausweichen vor einem Konflikt hinsichtlich einer problematischen Lokalisierung und Rollenzuschreibung – mehrheitspolnische Retter:innen, Opfer, Mittäter:innen–, sondern sollte vielmehr einen notwendigen gesellschaftlichen Konflikt rund um Erinnerungspolitik im Raum halten. Eine Ent-Sedimentierung von gesettelt scheinender Konfliktmaterie im Sinn Laclaus[72] wie auch im vollen Wortsinn: sollte es doch zum Ausgraben und Umpflanzen der Bäumchen kommen – seitens der lokalen Zivilgesellschaft als eines ebenso anonymen wie uneinheitlichen Massen-Subjekts –, ehe die Baumpflanzen zu groß für den der Baumschul-Phase des Monuments zugemessenen Raum wurden und so im Ensemble zu ‚implodieren' drohten. Im Fall solch einer Implosion wäre *The Monument May Be a Failure* das Resultat, im Verpflanzungsfall (vielleicht auch das nur ein weiterer *nonsolutionaler* Aufschub?) würde *The Monument May Be a Forest* zur Wirklichkeit.[73]

72 Vgl. Heindl, *Stadtkonflikte*, S. 43 ff.

73 http://politicalcritique.org/cee/poland/2016/monument-history-of-polish-jews-museum/

Aktive Passivität und Nichterfüllungspolitik

„What is the point of doing efficiently things that do not have to be done at all?“

Anupama Kundoo[74]

Erweitern wir das begriffliche Repertoire des *nonsolution*-Denkens um einige Begriffe, die wir uns wieder von Kracauer holen – ehe wir sie in Nahbeziehung zu weiteren architektonischen Situationen setzen. Es sind dies: *Nichterfüllungspolitik*; *strenge Logik* von ostentativem *Unfug* bzw. Ungefügtem; *Macht der vermeintlich Schwachen* und zunächst *aktive Passivität.*

„Active passivity“ nennt Kracauer in seinem Buch *History* die dem Bewusstsein von Kontingenz adäquate Haltung: eine Haltung nämlich, in der das Subjekt nicht als ‚Macher:in‘ auf eine zum Objekt degradierte Wirklichkeit zugreift.[75] Aktive Passivität verbindet, ähnlich der *nonsolution* (und in deren Nähe formuliert), gegensätzliche Tendenzen: Tun und Nichttun. Dieser Gegensatz lässt sich entfalten (eher denn auflösen) in eine zeitliche Beziehung: In der einen zeitlichen Hinsicht wird der Aktivität eine Einschränkung, eben Passivität, auferlegt. Kracauer vergleicht aktive Passivität mit dem Warten.[76] Nehmen wir davon diese Bedeutung mit: nicht gleich drauflos tun, nicht gleich weitermachen – ein Innehalten, eine Passivierung. Damit kommt das

74 Anupama Kundoo, „Communal Material", Vortrag am Institut für Kunst und Architektur, Akademie der bildenden Künste Wien, Mai 2024.

75 Vgl. Kracauer, *History*, S. 84, 92.

76 „Waiting […] amounts to a sort of active passivity […]." (Kracauer, *History*, S. 84) Noch in theologischer Färbung denkt Kracauer schon 1922 Warten mit aktiver Passivität zusammen: In seiner Gesellschaftsdiagnose „Die Wartenden" votiert er dafür, „angespannte Aktivität und tätiges Sichbereiten" mit *„zögernde[m] Geöffnetsein"* zu verbinden, als Haltung gegenüber einer Krise des Sinns; darin liege eine Alternative zum Pathos der Verzweiflung wie auch zum Pathos des Ultimativen. Vgl. Siegfried Kracauer, „Die Wartenden" [1922], in: ders., *Das Ornament der Masse*, S. 116, 117 f.

Moment des Aufschubs am *nonsolution*-Denken im Sinn eines Zeitabstands zum Tragen, aus dem heraus ein zweiter Blick die Situation anders wahrnimmt, sie reevaluiert. Das gilt auch in der anderen zeitlichen Hinsicht, in die Gegenrichtung, nämlich für aktive Passivität als eine Wendung zum Tätigen: Wo sich zuerst vor allem *Passivität* zeigt, tritt an dieser ein unerwartetes *aktives* Moment zutage, auch hier auf einen zweiten Blick. Aktive Passivität heißt nicht, dass ‚nichts geschieht', sondern dass anderes geschieht, dass andere Subjekte, Handlungsfähigkeiten, Strategien in Erscheinung treten als die aktuellen Machtverhältnisse vorgesehen haben.[77]

Wo nur ein Erdulden vorzuherrschen schien, wird eine ungewohnte Aktivität wahrgenommen und zur Geltung gebracht. Was in diesem Verlaufsschema an Sinn steckt, der in Richtung Politik

77 Unsere bei Kracauer ansetzende Auffassung von aktiver Passivität ist strikt unterschieden von Martin Seels Überlegungen: Seel geht in *Aktive Passivität* von Theodor W. Adornos Gebrauch dieser Wortverbindung (in der Ästhetik-Vorlesung von 1958/59) aus, nämlich von dessen Postulat, „daß man in einer bestimmten Art von aktiver Passivität, oder von angestrengtem Sich-Überlassen an die Sache, ihr das gibt, was sie von sich aus eigentlich erwartet". Mit der „Sache" ist das Kunstwerk gemeint. Die bei Adorno angepeilte „Manifestation der Wahrheit" im Kunstwerk kassiert Seel allerdings durch seine konzeptuelle Indienstnahme von Kunst – bei ihm verengt zur Kunstwerk-Individualerfahrung und zugleich aufgebläht zur Sammelkategorie, die Denken, Wissenschaft und Politik subsumiert – für eine geschmäcklerische Ethik gelingender Lebensführung im Modus geglückter Selbstfindung: „Kein Selbstgewinn ohne eine Verausgabung" und ohne „ein Sicheinlassen" – so lauten Schlagworte von Seels geschichtsloser Poesiealbumsdialektik. Vgl. Martin Seel, *Aktive Passivität. Über den Spielraum des Denkens, Handelns und anderer Künste*, Frankfurt / M. 2014, S. 241. Vgl. weiters Max Horkheimer, Theodor W. Adorno, *Dialektik der Aufklärung. Philosophische Fragmente* [1944], Frankfurt / M. 1969, S. 211: Die „blinde Subsumtion" von Wirklichkeit unter Urteilsschemata im postliberalen Kapitalismus nimmt der Wahrnehmung jene „tätige Passivität des Erkennens", durch die erst „dem wahrgenommenen Gegenstand sein Recht wird". – Hinzugesagt sei, dass aktive Passivität bei uns wie auch bei Kracauer selbstverständlich nichts damit zu tun hat, wie dieses Diagnose-Label im psychologisch-solutionistischen Lebensberatungsdiskurs der Dialektischen Verhaltenstherapie (DBT) fungiert.

weist, das benennt Kracauer direkt als *nonsolution*. Wie oben erörtert (S. 20 f.), spricht er mit Blick auf den Film *Intolerance* von der „admirable nonsolution", die eine Gesamtheit und deren Gegenkräfte in unaufgelöster Spannung halte. An einer weiteren expliziten *nonsolution*-Stelle bezeichnet Kracauer mit diesem Wort, und zwar anhand von Charlie Chaplin und von Alltagserkundungen im Kino des italienischen Neorealismus, eine filmische Wahrnehmung, die imstande sei, die Macht derer zu vermitteln, die nur scheinbar, nur in gängigen ideologischen Darstellungen, schwach sind. „Behind many nonsolutions, including those of the old Chaplin comedies, there lurks, perhaps, a desire to exalt the power of resistance of the seemingly weak who time and again cheat destiny."[78] Die von Kracauer exemplarisch genannten Subjekte dieser Handlungsfähigkeit, sich gegen schicksalshafte Sach-, Markt- und Arbeitszwänge zu behaupten, sind bezeichnenderweise ein Obdachloser, nämlich Chaplins Tramp-Figur, und ein Mindestrentenbezieher als von Schikanen und Delogierung bedrohter Ein-Zimmer-Mieter in Vittorio De Sicas *Umberto D.* aus dem Jahr 1952.

Auf die Spur eines anderen in die Filmgeschichte eingegangenen Falls von *power of the seemingly weak* setzt uns Kracauer anhand von *Misère au Borinage* aus dem Jahr 1934 (Regie: Joris Ivens und Henri Storck): Er weist in seiner *Theory of Film* darauf hin, wie sehr dieser belgische Dokumentarfilm über Wohnelend im Kohlerevier Borinage Alltagsbeobachtungen hervorhebt.[79] Zu den Alltagsdetails in *Misère au Borinage* zählen Momente solidarischer *popular agency* im Kampf gegen Delogierung. Etwa dieser: Die Familie eines streikenden Arbeiters soll – als Teil staatlicher

78 Kracauer sieht in diesen Filmen „tenacity, resiliency, and indeed adaptability" am Werk: als „weapons in an unending fight". Das Wort *nonsolution* verwendet er hier umstandslos, als wäre es ein gängiger oder gut eingeführter Begriff. Kracauer, *Theory of Film*, S. 270.

79 Ebd., S. 202; Selbstzitat in Kracauer, *History*, S. 91.

Repressalien im Generalstreik von 1932 – aus ihrer Wohnung geworfen werden, also sind Gerichtsvollzieher und Polizei vor Ort, um ihre Möbel abzuholen. Doch in einem Akt von Solidarität kommen benachbarte Arbeiter wie zufällig vorbei, setzen und lehnen sich auf und an die Möbel und blockieren die Delogierung, bis die Beamten entnervt abziehen. Diese Handlungen – mehr Widerstand denn Kultivierung von Resilienz – erwähnt Kracauer in seinen Ausführungen zu diesem Film (zu dessen Realismus, der „self-restraint" *über* den Kunstwillen setzt) gar nicht; ebenso wenig erwähnt er, dass in *Misère au Borinage* die Alltagsbeobachtung in einen Agit-Prop-Rahmen eingebettet ist (mit Kapitalismus-Anklage, Marx-und-Lenin-Abfeierung). In unserem Zusammenhang ist von Interesse, dass erstens dieser Film selbst ein Beispiel für *nonsolution* darstellt: unaufgelöste Spannung zwischen dokumentarischer Beobachtung und propagandistischem Impuls. Und dass zweitens Kracauer (das ist die *Wirkung* seiner Textstelle) seinem Publikum einen sozialistischen (Auch-)Agitationsfilm wärmstens ans Herz legt – und zwar nicht ‚alles sagend', nicht vor den Kopf stoßend, sondern eigentlich ‚hegemoniepolitisch' schlüssig, um dem Film mehr wohlwollend-interessiertes Publikum zu verschaffen.[80]

Auf Ortszuweisungen an Subjekte und auf Machtbeziehungen, die zunächst unverrückbar scheinen, fällt ein zweiter Blick, der reevaluiert, Einsprüche erhebt, andere Wahrheiten zur Geltung bringt: zumal das Auftauchen von Ermächtigungen derer, die in der gesellschaftlichen Hierarchie ‚nicht zählen'.[81]

80 Kracauer erwähnt auch nicht, dass *Umberto D.* mit einer Straßendemonstration alter Männer für höhere Renten beginnt, die polizeilich aufgelöst wird; diesem im engen Sinn politischen Ermächtigungsversuch folgt eine (etwas männlichkeitsmitleidige) Geschichte von der Zähigkeit der scheinbar Schwachen, die zugleich eine Nichtgeschichte (*nonsolution*) darstellt, weil sie fast nur aus Beiläufigem besteht.

81 Zu den Nicht-Zählenden vgl. Jacques Rancière, *Das Unvernehmen. Politik und Philosophie* [1995], Frankfurt / M. 2002. – In einer Optik, die das Brüchige

Nonsolution als Wahrnehmung der Macht der *scheinbar* Schwachen: So sind etwa Wohnungslose vulnerabel und mit wenig Kaufkraft ausgestattet, aber nicht „sozial schwach", wie der Mainstream-Diskurs sie etikettiert.[82] Und wenn Menschen mit geistigen Behinderungen, die in Tageswerkstätten arbeiten, dagegen protestieren, dass sie für ihre Arbeit nur ein „Taschengeld", keinen Lohn bekommen, dann ist die Lohn-Perspektive letztlich auch eine Perspektive auf ein Recht auf Tarifverhandlungen, auch auf Kampfmaßnahmen wie etwa Streiks.[83]

Definitionen von Handeln und Handlungsfähigkeit stehen infrage. Dazu noch einmal Kracauer: In einem solchen Zusammenhang schreibt er – es ist mehr Denkbild denn Besprechung – 1932 über das Berliner Gastspiel der prominenten spanischen *Andreu-Rivel*-Clowntruppe. Zum Repertoire dieses Trios zählt der pantomimische Bau einer aus menschlichen Körpern bestehenden *Kleinen Brücke*; diese entsteht auf der Bühne mit den

am unverrückbar Scheinenden festhält, wird auch Kracauers oben erörtertes Filmbeispiel *Intolerance* als solches einleuchtender: Eigentlich ist das Beispiel nicht sehr intuitiv, steht doch diese Art von Hollywood-Drama, steht eine Inszenierung wie die der Gerichtsszene, ihr Wechsel von Gesamt- und Detailansichten, für die allerkonventionellste Form filmischer Dramatisierung. Wenn Kracauer (*History*, S. 126) nun aber gerade diese als ein Beispiel für eine *paradoxe* Beziehung zwischen Gesamtansicht und Großaufnahme und somit für *nonsolution* anspricht, dann beharrt er damit implizit darauf, dass auch etwas, das wie eine hochstabile, ‚ganz normale' Ordnung anmutet, in Wirklichkeit und in Wahrheit kontingent ist: prekär, historisch geworden, ein Moment im Verlauf der Veränderung von Kräfteverhältnissen.

82 Diese Unterscheidung betont die Wiener Wohnungslosen-Aktivistin Regina Amer um 2020 in zahlreichen Stellungnahmen: „Wir sind nicht sozial schwach, wir sind finanziell schwach." Regina Amer, zit. n. Gabu Heindl, *Working Women Wohnen. Wohn-, Arbeits- und Alltagsraum-Konzept für Frauen*: solidarisch, leistbar, leiwand*. Forschungsbericht im Auftrag der Magistratsabteilung 50, Referat Wohnbauforschung und internationale Beziehungen, Wien 2020, S. 36.

83 Zu Manifestationen von Protest seitens Organisationen von Menschen mit Behinderung gegen das „Taschengeld"-Prinzip zählte auch der Gastkommentar von Nicole Braunstein, „Ich will einen Lohn!", *Der Standard* 4./5.5.2024, S. 47.

für Clown-Darbietungen typischen Verkomplizierungen und komischen Gegenhandlungen zur zielgerichteten Bautätigkeit. Kracauer deutet dies entlang einer *nonsolution*-Logik: Die Clowns „täuschen einen Werkwillen vor, den sie fortwährend desavouieren".[84] Dabei geht es nicht nur darum, ein arbeitsames oder herstellendes Tun zu verulken. Vielmehr bleiben beide Impulse, „to compose and decompose a whole" (wie oben zitiert, S. 21), im Spiel, das hier nicht nur ein Spiel ist, sondern eine Kritik des bauenden Handelns, die im Vollzug dieses Handelns erfolgt. Mit der Terminologie von Hannah Arendt im Hinterkopf gesagt:[85] Das ‚bloß' *arbeitende* Tun, welches das Bauen einer Brücke darstellt, wird dadurch, dass es in den künstlerischen Kontext einer Bühnendarbietung versetzt ist, zu einem *herstellenden* Tun. Ein *handelndes* Tun im emphatischen Sinn aber wird daraus erst insofern, als Kracauers Denkbild-Deutung dieses Clown-Bauen von der Bühnenkunst in Richtung eines politischen Sinns und dessen öffentlicher Entfaltung versetzt.

Diese Clowns betreiben, schreibt er, „praktische Dialektik", kritisieren herrschende Maßstäbe zur Beurteilung von Arbeiten und Handeln (stellen „die Hierarchie der Werte in Frage, der wir im Alltag uns unterwerfen"[86]). Aber sie folgen dabei, über die kritische Desavouierung oder auch ein bloß ‚unlogisches' Verhalten hinaus, einer „strenge[n] Logik", die „nicht die normale", sondern ultimativ eine sozialutopische Logik ist, die „einen Sinn in der Unsinnigkeit" vernehmbar macht.[87] Darin liegt ein

84 Siegfried Kracauer, „Akrobat – schööն" [1932], in: ders., *Straßen*, S. 101.

85 Vgl. Arendt, *Vita Activa*.

86 Kracauer, „Akrobat – schöön", S. 101 f.

87 Ebd., S. 103 f. Kracauer verwendet hier die Metapher einer Logik des *Märchens*; Letzteres ist (nicht nur) bei ihm eine Umschreibung der Utopie einer radikal gewandelten Gesellschaft. – Das architektonische Bauen ist bei Kracauer häufig zusammengedacht (nicht gleichgesetzt) mit der Organisation von Gesellschaft, zumal in kritisch-utopischer Sicht. Vgl. zeitgleich zum Clown-Brücken-Aufsatz seinen Essay „Die Unterführung" über eine stark frequen-

Vorgriff auf andere gesellschaftliche Bedingungen des Arbeitens, Handelns, Bauens: „Der lustige Unfug ist bei ihnen mehr als ein bloßer Unfug, der die böse Verschlossenheit und den falschen Ernst sprengen soll; er erhält außer dieser, jeder Clownerie zukommenden Funktion eine andere, die ihm selber Bedeutung verschafft. Dank der sonderbaren Logik, der er untersteht, ruft er die Ahnung einer *Wirklichkeit* hervor, die mit der unsrigen nicht identisch ist." Die kritische, auch verweigernde Haltung gegenüber herrschenden Maßstäben baulichen Tuns resultiert in dieser Darbietung in einem clownesken Nicht-Bauen, das dennoch ein Bauen bleibt. Ein Bauen, aus dem in der Clowns-Nummer ultimativ eine „schwindelerregende Brücke" entsteht, die „von den aus der Verschlossenheit und dem Ernst entlassenen Menschen bei einiger akrobatischer Übung unschwer beschritten werden könnte".[88] Mit einem eigenartigen Sammelwort, das die politische Färbung dieses Zusammenhangs markiert und ein schönes Parallelmotiv zu *nonsolution* darstellen kann, spricht Kracauer hier von der „beharrliche[n] Nichterfüllungspolitik" der bauenden Clowns. (Das Wort „Nichterfüllungspolitik" ist ungebräuchlich; es taucht allerdings in deutschen politischen Debatten der 1920er Jahre zur Frage der Erfüllung oder eben Nichterfüllung von Auflagen des Versailler Friedensvertrages auf. Insofern könnte Kracauers Gebrauch dieses – ihm wohl mehr als uns heute geläufigen – Wortes eine Entwendung aus

tierte, triste Berliner Straßenunterführung: Den „Gegensatz zwischen dem geschlossenen, unerschütterlichen Konstruktionssystem und dem zerrinnenden menschlichen Durcheinander" sieht er mit „Grauen". Und weiter: Die Menschen „können aus Mauern, Trägern und Stützen einen Verband schaffen, aber sie sind unfähig dazu, sich selber zu einer Gesellschaft zu organisieren". Das utopische Ende dieses Essays verweist auf „schönere Konstruktionen", „deren Baumaterialien nicht nur aus Eisen und Backsteinen, sondern gewissermaßen auch aus Menschen bestünden". Siegfried Kracauer, „Die Unterführung" [1932], in: ders., *Straßen*, S. 39.

88 Kracauer, „Akrobat – schöön", S. 104.

einem Diskurs darstellen, den um 1930 vor allem die politische Rechte bespielt.)

Zwischenresümee architektonischer Anspielpunkte im Feld des *nonsolution*-Denkens: aktive Passivität; Auftauchen von Macht, wo nur Ohnmacht zu herrschen schien; eine strenge Logik in der vermeintlichen Unsinnigkeit von Ungefügtem; Bauen im Kontext einer Nichterfüllungspolitik. Betrachten wir zunächst einige planungs- und baustrategische Konstellationen, die auf aktives Nichtbauen bzw. Nichttun hinauslaufen, die also aktive Passivität im Sinn von *nonsolution* manifestieren. Mitunter macht sich da ein Zug zum Unfug bemerkbar: Ist uns schon das Grobe nicht zuwider (siehe oben, S. 27), so hat auch Ungefügtes seinen Sinn und seinen Reiz; ebenso Humor und gar Nonsens als *nonsolution*-Strategien und -Taktiken.[89] Unfug hat sein Gutes, zumal wenn er „strenge Logik" geltend macht wie bei Kracauers Clowns (oder beim absichtlich vermessenen Einbau des Fußballplatzes in den Gefängnishof, siehe oben, S. 50 ff.). Da zeichnen sich etwa Korrespondenzen ab zum *seriously silly design*. In dieser Planungstheorie verbünden sich Opposition gegen technophilen *solutionism* und die Zurückweisung von Ironie – Ironie als distanzierte, letztlich expertokratische Haltung derer, die es immer schon besser wissen – mit einer Praxis der „deliberately flawed partial solutions": Durch praktisches Erproben von ‚Lösungen', die

89 Deleuze interpretiert zusammen mit Claire Parnet Humor als eine Praxis der *Wirkungen*, die – im Unterschied zur Ironie – eine Handlung nicht nach ihren Festgrund-Legitimationen beurteilt, sondern nach ihren Konsequenzen (Gilles Deleuze, Claire Parnet, *Dialoge* [1977], Frankfurt / M. 1980, S. 76). Und Nonsens ist für Deleuze ein Platzhalter des Sinns: Sinn ist weder loszuwerden noch auf Bedeutungs- und Ausdrucksregimes zurückzuführen; er ist sozusagen immer, insistierend, da, aber nicht als ausdefinierter gegeben; und ebendies, dass Sinn weder weg ist und gleichsam aus dem Nichts kommt, wenn er denn kommt, noch immer schon gegeben ist und somit aus sich selbst heraus käme, wenn er denn käme – dies wird, so Deleuze, durch den Nonsens ausgedrückt (Gilles Deleuze, *Logik des Sinns* [1969], Frankfurt / M. 1993, S. 96 ff.). Dieser Nonsens steht der *nonsolution* nicht fern.

gezielt *silly* und unzulänglich sind, sollen unvorhergesehene Ideenfindungen und nicht vorgesehene Akteur:innen ins Spiel des Designs gebracht werden. Die Proponent:innen dieses Ansatzes nennen Entwurfsprozesse von Technologie-Anwendungen für Senior:innen als Beispiel; sie berufen sich auf Nonsens-Erfindungen („‚un-useless objects'") im Geist des japanischen Chindogu und das „Anti-Design" von Superstudio und Archizoom. Und sie schreiben: „Social problems will not be solved by technology alone and must be considered as part of a wider struggle," vielmehr: „the solution to solutionism would be social and political". Dieser Einschätzung schließen wir uns an.[90]

Korrespondenzen gibt es auch zwischen solchen *nonsolutions* und dem Nicht(s)tun der *Solar Do-Nothing Machine*: Unter diesem Titel präsentierten Charles und Ray Eames 1957 eine Maschine, deren Farben- und Formenspiel *nichts tut*, deren Bewegungen keinem Zweck folgen – außer dem, schön zu sein und als mit Solarstrom betriebene Maschine ein Bewusstsein für den Nutzen von Sonnenenergie zu schaffen. In heutiger Sicht allerdings wäre die Propagierung erneuerbarer Energieformen ein zentrales Tun, zusätzlich zu der *nonsensical* konstruierten Infragestellung der Definition von sinn- und zweckhaftem Maschineneinsatz.

Im Zeichen der kritischen Frage, was Bauen und ‚Machen' bedeuten, hat Lucius Burckhardt in prominenten Äußerungen ein aktives Nichttun starkgemacht. Dies zumal in seinem Konzept des *kleinstmöglichen Eingriffs* (variiert auch als der *kleinste* und der *minimale Eingriff*). So schreibt er um 1980, in Anspielung auf Verschwendung im Bauwesen: „Die größte Verschwendung ist aber der unnötig erstellte Bau", und weiter: „Einen unnötigen Bau verhindert zu haben, müsste [...] zu den großen Taten des

90 Mark Blythe, Kristina Andersen, Rachel Clarke, Peter Wright, „Anti-Solutionist Strategies: Seriously Silly Design Fiction", 2016, https://www.researchgate.net/publication/301931154_Anti-Solutionist_Strategies_Seriously_Silly_Design_Fiction, bes. S. 4977.

Bauwesens gerechnet werden.“ Im Gegensatz dazu „besteht der kleinste Eingriff zunächst einmal darin, die vorhandene Situation zu verstehen“, und das hieße, „z. B. die vorhandene Landschaft so zu beschreiben, dass sie auch den in der Routine verhafteten Fachleuten und Politikern sichtbar wird. Das ist nicht leicht, denn die Idee der Veränderung fasziniert dermaßen, dass selbst das Publikum [...] sich von der Vorstellung einer ‚neugeschaffenen‘ Landschaft leicht mitreißen lässt.“[91]

„Der allerkleinste Eingriff ist die Bauverhinderung“ – „das bedeutet aber nicht, dass man nichts tut.“[92] Sondern es ist zu verstehen als aktive Passivität aus einer Wahrnehmung der Bedingungen und Charakteristika einer Situation heraus. Einen ultimativ kleinen Eingriff, nahe am Paradox, aber basierend auf einer solchen Wahrnehmung der Planungssituation, stellt die Lösung der Umbau-Aufgabe für einen urbanen Platz durch ein So-Belassen-wie-er-ist seitens *Lacaton & Vassal* dar: 1996 erfüllte dieses Architekturbüro den Auftrag zur Neugestaltung der Place Léon Aucoc in Bordeaux dadurch, dass es seine Recherchen vor

91 Burckhardt, *Der kleinstmögliche Eingriff*, S. 58, 149, 151. In Sachen der Zeitlichkeit, in die Lösungen eingebettet sind, zeichnet sich folgende Analogie zwischen hier erörterten Sozialphilosoph:innen und Planungstheoretikern ab: Honneth und Rittel theoretisieren schwerpunktmäßig das, was Lösungen vorangeht, nämlich die von Fernzielen entbundene experimentelle Kommunikation bei Honneth bzw. Verstrickung der *solution* in komplexe Kontexte und in eine politische *resolution* bei Rittel. Jaeggi und Burckhardt theoretisieren eher, was auf Lösungen *folgt*, nämlich Auflösung von Problemlösung in einen Problemlösungsprozess, der sich wiederum in die andauernde Offenheit von Erfahrung auflöst, bei Jaeggi bzw. Erfahrung als gerade nicht modellhafte, sondern jeweils spezifisch situationsangemessene bei Burckhardt (*Der kleinstmögliche Eingriff*, S. 157). Und: Burckhardts Sorge gilt einer in der Planung nicht abschätzbaren Folgewirkung von Eingriffen, nämlich nicht nur den Folgen, sondern den „Folgen der Folgen“ (ebd., S. 169). (Prominent ist allerdings auch sein Vorgängigkeits-Problemgedanke, verdichtet im Slogan / Titel *Wer plant die Planung?*)

92 So die Herausgeber Markus Ritter und Martin Schmitz in ihrer Vorbemerkung zu *Der kleinstmögliche Eingriff* (S. 6). Der Bauverhinderungs-Satz stammt von Burckhardt (ebd., S. 148).

Ort dokumentierte und den Auftraggeber:innen die Empfehlung vorlegte, an diesem Platz nichts zu verändern (siehe Abb. S. 98). Vielmehr erfüllten sie den Auftrag, indem sie ein Wartungs- und Pflegehandbuch für den Platz erstellten. (Den Auftrag zum Abriss und Neubau des Pariser Wohnblocks *Tour Bois le Prêtre* setzten *Lacaton & Vassal* 2011 ebenfalls mit einem Moment von Nichterfüllungspolitik um, indem sie den Turm renovierten, statt ihn abzureißen und neu zu bauen.)

Gehen wir über vom *non* als *nicht* zum *non* als *Nein!* Ein *Nicht(be)bauen*, das sich in dezidierte Opposition zur Planungsvorgabe stellt, praktizierten exemplarisch jene Architekturbüros, die 2016 einen organisierten Boykott des Wettbewerbs der Gemeinde Wien für einen Bildungscampus im Bezirk Donaustadt durchführten. Von den 88 Einreichungen waren 55 ungültig: Die betreffenden Büros hatten nämlich aufwändig, in der Form und Sprache von Wettbewerbseinreichungen (mit Plakaten) gestaltete Protest-Statements vorgelegt (siehe Abb. S. 99); und zwar dagegen, dass der Schulbau als Public Private Partnership (PPP) durchgeführt werden sollte, also gegen ein Vordringen der von Investment-Profiten getriebenen Bauwirtschaft in den öffentlichen Bildungsbereich. Eine Verweigerung nah am Streik und Streit.[93]

Das *non* als *Nein!* verbindet sich mit dem *non* als *nicht* im explizit so benannten *Nichtbebauungsplan*. Es geht um ein längerfristiges planungs- und bewegungspolitisches Szenario am Wiener Donaukanal, in dessen Innenstadt-Uferzonen. Dieser Kanal ist ein Massen-Naherholungsbereich, der seit der Jahrtausendwende von einer nutzungsoffenen öffentlichen Zone mit vereinzelter Low-Key-Gastronomie in einen hochprofitablen Großgastronomie-Standort umgewandelt wurde, den privatwirtschaftliche Investor:innen rückhaltlos raumgreifend bespielen. Die für

93 Vgl. Maik Novotny, „Wer macht hier Schule?", *Falter* 6, 2016, S. 33–35.

den Donaukanal zuständigen öffentlichen Verwaltungsinstitutionen hatten bei ihrem Planungsauftrag, vergeben 2014 von der Gemeinde Wien an Gabu Heindl und Susan Kraupp, Gestaltungsleitlinien im Sinn, auf deren Grundlage künftige Investor:innen ein ansprechend und einheitlich designtes Betätigungsfeld vorfinden sollten. Als beauftragte Architektinnen legten wir schließlich aber etwas anderes vor, nämlich nicht zuletzt einen Nichtbebauungsplan, der in der Sprache, in der (visuellen) Rhetorik von Bebauungsplänen gehalten war, aber einem nachgerade gegenteiligen Zweck diente: nämlich die noch unverbauten Uferzonen von Gastronomie- und Entertainment-Investments möglichst freizuhalten. Das bedeutete, die Nutzungsoffenheit des Donaukanals – also seiner 2014 noch nicht kommerzialisierten Räume –, unter Verbesserung der öffentlichen Infrastruktur (Zugänge, Müllbehälter, WCs), gegen aggressive Profitinteressen zu verteidigen (siehe Abb. S. 100). Dieser invers ausformulierte Bebauungsplan mit dem Ziel, (hier) *nicht* zu bauen, wurde von der Stadt Wien, die sich von den Beauftragten wohl anderes erwartet hatte, „zur Kenntnis genommen". Auftrag erfüllt, in einem Akt von Nichterfüllung; durch eine *nonsolution*, die die Planungsaufgabe neu formulierte, das Problem anders stellte: Die Frage war nicht, wie schönere – und wohl auch: mehr –, sondern wie weniger Gastro-Investitionen an den Donaukanal gelangen.[94]

Der Nichtbebauungsplan ist eine *solution with a non*, die nicht baut – und die verneint; dies zunächst, insofern der Plan sich nicht an Besitzstände hält, seine Bestimmungen über Eigen-

94 „Nichtbebauung" bzw. „Nichtbauen" steht im Streit mit Investor:innen: Dieses seltene Wort begegnet uns auch in den polemischen Etiketten „Bauverhinderungssenatorin" bzw. „Nichtbausenatorin", die Ende der 2010er Jahre der Berliner Senatorin für Stadtentwicklung und Wohnen Katrin Lompscher verliehen wurden – dafür, dass sie, so der Vorwurf, mehr an Mietendeckelung bei vorhandenem Wohnraum arbeite als an Neubauplanungen (und so Gewinnoptionen doppelt einschränke). Vgl. Birgit Baumann, „Katrin Lompscher: Linke Ostfrau lehrt Vermieter das Fürchten", *Der Standard* 28.8.2019, S. 32.

tumsgrenzen hinweg zieht, im Gegensatz zum Bebauungsplan, der diese Grenzen respektiert und reproduziert. Diese Situation mündet in eine *solution with anon* – „anon“ für Baldige(s) und für Anonyme(s): In den gewohnheitsmäßigen Prozess deregulierter Kapitalisierung urbanen Raums, insbesondere in den Hang von Stadtverwaltungen, Verwertungsbedingungen für Investmentkapital zu optimieren, fügt dieser Plan einen kleinen Moment der Blockade als Möglichkeits(zeit)raum für Unvorhergesehenes ein, das noch namenlos ist.

Der Nichtbebauungsplan *bewahrt*, vergleichbar der aktiven Nichtlösung in Form von Burckhardts „kleinstmöglichem Eingriff“, durch den „das Vorhandene bis zur äußersten Möglichkeit geschützt werden soll“.[95] Vorhanden an einem konkreten Ort ist nicht unbedingt ein Bestand (im Sinn des Denkmalschutzes), aber auch *nicht nichts* – ungeachtet dessen, dass der Investor:innendiskurs in einer kolonialistisch anmutenden Art oft behauptet, in einem nichtkommerzialisierten Gebiet warte alles doch nur auf eine profitorientierte Erschließung, durch die endlich ‚etwas‘ dorthin kommt. Dieses Vorhandene ist vielleicht nicht gerade handlich gegeben, aber es ist einem Vorgriff zugänglich, besteht es doch selbst primär aus Möglichkeiten und Zukünften; das Burckhardt'sche „Vorhandene bis zur äußersten Möglichkeit“ ist das, was der Nichtbebauungsplan schützt: Er bewahrt Möglichkeiten der Raumnutzung, die in dem Unvorhergesehenen, das Massen können, entstehen. So können Raumnutzer:innen etwa, wenn ihnen die Zeit dazu gelassen wird, ökologisch nachhaltige Formen von Fortschritt ohne Wachstum entwickeln.

Insofern besteht hier Hoffnung auf Aktualisierung eines Potenzials, das dem Nichtbebauungsplan zwar innewohnt, aber nicht einfach ‚seines‘ ist, nicht ein Surplus-Besitz an Eigenschaften ist, sondern ein Außen, das sich in ihm eröffnet durch Bezug

95 Burckhardt, *Der kleinstmögliche Eingriff*, S. 170.

zu anderen und deren Agency.[96] Die Hoffnung zielt nicht einfach auf gut Glück irgendwohin, sondern verbündet sich latent vorgreifend mit dem, was in der nur scheinbar stabilen Ordnung auftaucht, in deren Lücken, *als* deren Lücken: Wo alles smooth zu laufen und auf Investments zu warten schien, wo wie gewohnt die Dankbarkeit der Bevölkerung den Stadtvätern und -müttern zukommen würde, die seit jeher wissen, was ‚unseren Wienerinnen und Wienern' not- und guttut[97] – kurz, wo nichts war, wo alles still war und brachlag und auf Bauen als einzige Lösung zu warten schien, dort kam es zu popularem politischem Handeln. Die Grassroots-Bewegung *Donaucanale für alle* verteidigte 2015/16 das letzte flache (nicht abschüssige) innerstädtische Wiesengrundstück am Kanal als öffentlichen Nutzungsfreiraum gegen ein Gastronomiegroßprojekt, indem sie es besetzte (siehe Abb. S. 101). Die Bewegung griff dabei den Nichtbebauungsplan auf.[98] Dieser Plan hatte, nach der Kenntnisnahme durch die Stadt Wien, ein Jahr lang in einer Bürokratie-Lade geschlummert. Als eine Festschreibung aktiven Nichttuns hatte er gleichsam auf Agency von außen gewartet.

Politisierung einer technisch-administrativen Maßnahme: Dass die Protestkampagne zur Bewahrung eines öffentlichen

96 Das käme eher einer Deleuze'schen *Virtualität* im Sinn eines Intimbezugs zum Außen gleich denn einem Kurzverständnis von Potenzial als zu erwachender Immer-schon-Anlage.

97 „Kniet's nieder und i stell euch a Dixie am Kanal", rappt Monobrother 2023 im Track „Diesmal muss" über die sozialdemokratische Wiener Verwaltung – die allerdings für das Hinstellen von Dixies und fixeren WCs am Donaukanal Investmentkapital und PPP-Lösungen suchen zu müssen glaubt.

98 Der Protest (PR-Aktionen, Besetzungen) galt dem Schutz einer Wiese, die im Nichtbebauungsplan als ohne Konsumzwang nutzbarer Bereich bestimmt war. Über diese äußerte sich der an ihr interessierte Gastronomie-Investor mittels der erwähnten Propaganda, die leugnet, dass es ‚hier etwas gibt', und nannte sie eine bloße „Hundstrümmerlwiese". Das Lokal, das er später an einem Quasi-Ersatz-Standort errichten konnte, nannte er (wie aus Trotz oder Rache) weiterhin *Blumenwiese*, wiewohl es nun in einem seit Langem asphaltierten Uferbereich lag.

Raums vor wendigen Kapitalinvestments sich auf den Nichtbebauungsplan und die in ihm vorgesehenen Gastronomiestandort-freien Zonen berufen konnte, dass sie das konfliktpolitische Potenzial dieses Plans aktualisieren, im selben Maß konstituieren wie umsetzen konnte – dazu war es nicht zuletzt notwendig, dass der Nichtbebauungsplan eben als *Plan* vorlag. Der Plan verweigerte geschäftiges Machen (und Geschäfte-Machen), wie es so viele andere Pläne vorsehen; diese Verweigerung aber erfolgte in der technischen Sprache der Planung (wie in der „strengen Logik" von Nichterfüllungspolitik). Und so zeichnete sich eine *solution with anon* ab: Einen Andockpunkt, einen Bündnispartner für eine Bewegung, die bald ins Spiel kam, stellte dieser Plan gerade im Geltend-Machen von Expertise (und ihres Quäntchens an Autoritätsnimbus) dar. Der Nichtbebauungsplan ist eine ausformulierte, resolute *Setzung*; er ist *strittig*, nämlich konfliktbereit (als *Widersetzung*) und seinerseits bestreitbar.

Zu Rhetoriken und Gesten der *Uneindeutigkeit* neigen hingegen solche Pläne, Vorhabensbekundungen und Vorschriften, die Verhältnisse zwanghaft flexibilisieren wollen: Das sind zum einen, im Bereich der politischen Ökonomie, neoliberale Deregulierungsbestrebungen, die ausformulierte Pläne und Regelungen als ein viel zu enges Korsett für die angeblich fragile ‚Lebendigkeit' der Kapitalien brandmarken. Bei allem (auch unserem) Wunsch, das Erbe der Masterplankritik der 1970er Jahre reflexiv anzutreten: Der Nichtbebauungsplan als *nonsolution* ist sicherlich kein *Non-Plan*. So – nämlich „Non-Plan: an Experiment in Freedom" – hieß das bereits 1969 publizierte neoliberale Konzept von Reyner Banham, Paul Barker, Peter Hall und Cedric Price: Im Rahmen der Kritik am Masterplan und an staatlicher Planung ging es dabei um Deregulierung, ultimativ um „free-market libertarianism" mit maximaler ‚Freiheit' (gegenüber Maßnahmen der öffentlichen Hand) für die Architektur.

Zum anderen besteht das Regime der Uneindeutigkeit im Bereich staatlicher oder bewegungsbasierter Politik in Praktiken des Mobilisierens und Regierens durch bewusst unklare Vorschriften, auch durch gezielte Zerstörung von Fähigkeiten und Einrichtungen, die dem Einschätzen von und Streiten um ausformulierte Positionen dienen. Solches Herrschen durch sprunghaft-diffuse Maßnahmen reicht heute vom autokratischen *erratic law* bis zum „flooding the zone with shit" (Trump-Berater Steve Bannon 2016) als gezielt gestiftete Verwirrung anstelle der Propagierung einer eigenen Agenda, die erstritten werden müsste und bestreitbar wäre (für „flooding the zone with shit" kam später auch das griffige Label *politics of bullshit* in Gebrauch).[99]

Planen als strittige, durchaus auch strenge Setzung versus neoliberale oder neurechte Imperative, quasi alles ständig durchzurütteln. Das Durchrüttelnde an der Nazi-Politik und -Propaganda betont Kracauer schon in (für unsere Gegenwart aufschlussreichen) Studien Mitte der 1930er.[100] In diesem Sinn ist nachdrückliches Planen nahe jener Freiheit einräumenden Funktion, die Arendt republikanischen Gesetzen wie auch Referenzen

99 Zu autokratischer Herrschaft durch Gesetze, die „deliberately unclear, ambiguous, and fluid" sowie „unpredictable and ‚maddeningly erratic' for the citizens" sind, siehe Rajshree Chandra, „Rule by Law and the Making of Authoritarian Democracies", *IWM post* 130, 2022. – Prägnant als Verknüpfung der Problematisierung von Lösungspolitik mit (sarkastischer) Diagnostik zum heutigen Faschismus ist dieses Zitat aus Michela Murgias *Faschist werden. Eine Anleitung* (Berlin 2019, S. 26): „Für jede komplizierte Situation gibt es mindestens zwanzig verschiedene Lösungsansätze, aber üblicherweise erzeugt sie eine einzige große Angst. Diese Angst aufzuspüren und sie zur Nachricht zu machen ist viel effizienter als der Versuch, die zwanzig verschiedenen Lösungsideen, die sowieso niemanden interessieren, mühsam aufs verständliche Maß herunterbrechen zu wollen. Die Leute wollen, dass man ihnen die Angst wieder nimmt, nicht dass man sie über Lösungen diskutieren lässt, denn die Angst gehört allen, die Lösung aber dem Chef allein." Mit „Chef" meint Murgia die faschistische Führergestalt, die Öffentlichkeiten mit Angst-Feindbildern versorgt.

100 Vgl. Drehli Robnik, *Flexibler Faschismus. Siegfried Kracauers Analysen rechter Mobilisierungen damals und heute*, Bielefeld 2024, bes. Kap. 4.

auf geteilte, aber kontingente Wirklichkeiten beimisst. Es geht Arendt um Einhegungen, die gerade nicht der Vorhersehbarkeit dienen, sondern vielmehr gewährleisten, dass „something entirely new and unpredictable", ultimativ ein Neuanfang, in die Welt treten kann.[101] Diese Perspektive auf Planung, radikaldemokratisch zugespitzt, sowie die Beispielsituation mit der Bewegungs-Agency in Berufung auf den administrativ verwahrten Nichtbebauungsplan verdeutlichen schließlich auch folgende Facette von politischem *nonsolution*-Denken als Handlungsorientierung: Radikalität heißt nicht, sich in puristischer Weise von Institutionen immer fernzuhalten, sondern ermuntert zu Momenten des Kontakts und der Kollaboration zwischen einerseits Protesten und anderseits Institutionen – zwischen Grassroots-Bewegungen und dem, was sich im Rahmen von Verwaltungen machen lässt, in diesem Fall zur Einschränkung profitgetriebener Massenraum- und Umweltvernichtung.

101 Hannah Arendt, *The Origins of Totalitarianism* [1951/1967], London 2017, S. 611.

Im Sinn von *nonsolution* ist nur *eines* zwingend: dass mensch die Wahl hat und eine treffen, sich entscheiden muss – im (öffentlichen) Handeln. *TINA* ist da keine Option; diese Ideologie der Alternativlosigkeit („There Is No Alternative"), der technischen oder ökonomischen Sachzwänge, dient ja vielmehr dazu, Handeln zu vermeiden. „Der ‚Sachzwang'", schreibt Rittel, ist „sehr beliebt bei Politikern und Planern, da er die epistemische Freiheit beseitigt und den Designer von seiner Verantwortung entbindet. Wenn man keine Wahl hat, muss man auch keine Rechenschaft ablegen."[102] Design bzw. Designer ist in dieser Rittel-Übersetzung synonym mit Planung bzw. Planer:in in einem letztlich politischen Sinn. Rittels Erörterungen weisen kategorisch von seinem produktiv gescheiterten Versuch, Planung zu ‚verwissenschaftlichen', in Richtung einer Politisierung von Planung; dafür steht nicht zuletzt, dass seine Rede von „epistemischer Freiheit" eigentlich eine politische Freiheit anpeilt, nämlich die, zu handeln und zu entscheiden; Letzteres nicht souverän, nicht dezisionistisch, sondern in der Ausübung einer Wahl, die bleibt – aber strittig bleibt.

Jeremy Till, ein politisch argumentierender Architekt und Architekturtheoretiker, sagt über *decisions* und *choices* etwas Ähnliches. Für ihn ist Architektur die kontingente Disziplin par excellence. Und Kontingenz als Grundlage, als ihrem Wesen nach prekäre und prekarisierende Grundlage von Entscheidungen in politischen Stellungskriegen, gilt es, so Till, sichtbar zu machen. Kontingenz – also Bedingtheit und Strittigkeit – planerischer Entscheidungen bedeutet gerade nicht, dass Planung aufzugeben wäre. (Das entspräche einer puristischen, letztlich nihilistischen Haltung: ‚Ist ja alles nur von externen Faktoren abhängig, nichts

102 Rittel, *Die Denkweise von Designern*, S. 34.

ist garantiert – warum also beim Planen sich groß für etwas entscheiden und nicht lieber gleich den deutlichsten Konventionen oder Gewinnoptionen folgen?') Kontingenz ist für Till keine Schwäche, sondern eine Stärke, eine Öffnung der politisierten gesellschaftlichen Wirklichkeit: „contingency and uncertainty open up [... and] demand to choose", und sie münden in „contingent choices [...] in concrete reality".[103]

Auf der Wahl, die mensch stets hat, zu beharren, das schließt auch die reflexive Entscheidung ein, *keine* Wahl zu treffen; dies im Sinn von *nonsolution* als dem Präsent-Halten einer alternativen Strategie. Das heißt dann, dass mehr als eines zur Geltung kommt: die umfassende Form *und* die nicht auf sie reduzierbare Einzelheit (in Kracauers Film-Beispiel, siehe Fußn. 16, 21, 81) oder der reformistisch verbessernde *und* der radikal verändernde Impuls in der nicht-reformistischen Reform (siehe S. 56 ff.). Und auch für das Nicht-Treffen einer Wahl ist Rechenschaft abzulegen.

Dem Naheverhältnis von Architektur und Politik als einem Unverhältnis – gelinder gesagt: einer Problembeziehung – begegnen wir nun auch in unserer letzten Kracauer-Referenz in diesem Buch. Es ist dies Kracauers älteste *nonsolutionale* Formulierung, veröffentlicht zu einer Zeit, als sein Studium und seine Berufspraxis in der Architektur erst wenige Jahre zurücklagen. 1923 schreibt er einen Tageszeitungsartikel zur Architektur als Tätigkeit. Diese gibt er zu verstehen als ein diffiziles, differenziertes Tun, insofern implizit als ein veritables Handeln, das eben aus einer problematischen gesellschaftlichen Positionierung der Architekturpraxis heraus erfolgt. Diese Positionierung, ein generatives Problem, charakterisiert er als die „Notlage des Architektenstandes" – in *nonsolutionaler* Hochverdichtung mit folgenden Worten: Architekt:innen „sind nicht so sehr, wie der Kaufmann etwa, Vermittler zwischen den Dingen, sondern denken in den

103 Jeremy Till, *Architecture Depends*, Cambridge, MA 2009, S. 55, 59 f.

Dingen selber und mühen sich um deren Gestaltung, ihre Tätigkeit stiftet nicht unmittelbar Beziehungen zwischen den Menschen, sondern erstreckt sich auf die Schöpfung der Räume, in denen die Menschen leben, und stellt die Beziehungen her, die zwischen Raum und Raum sich als notwendig erweisen".[104] Arbeiten an Räumen und an Beziehungen zwischen Räumen, diese Tätigkeiten unterscheidet Kracauer hier wesentlich von zweierlei: erstens von der „kaufmännischen" Vermittlung zwischen Dingen, die durch diese zu Waren werden, in einer Gesellschaft, in welcher der Markt Beziehungen definiert; zweitens von einem gestaltenden Direktzugriff auf Gesellschaft, auf „Beziehungen zwischen den Menschen". Dieser Direktzugriff erfolgt vor rund 100 Jahren in Form rationalisierten Regierens, Stichwort: Fordismus als *social engineering* (und bald auch in Form faschistischer Herrschaft).

Allerdings enthält Kracauers Beschreibung ein Paradox, vergleichbar der *nonsolution*. Auf den zweiten Blick erst ist zu sehen, was diese Unterscheidung an Fragwürdigem enthält, nämlich die Frage: Wie lässt sich an Beziehungen zwischen Räumen, in denen die Menschen leben, arbeiten, ohne damit zugleich auch an Beziehungen zwischen den Menschen, also an Gesellschaft zu arbeiten? Architekt:innen denken und handeln *in den Dingen*, in Relationen von Raum zu Raum – und über den Umweg dieser Verräumlichung, nachgerade ‚Verdinglichung', handeln sie politisch auf Gesellschaft bezogen.[105] In Kracauers Formulierung scheint die Architektur aus jenem Bereich der Gesellschaftsgestaltung, der Politik heißt, zuerst hinausbefördert zu werden,

104 Siegfried Kracauer, „Die Notlage des Architektenstandes" [1923], in: ders., *Werke*, Bd. 5.1, S. 567.

105 Dieser Aufsatz ist eine frühe Fassung jenes Konzepts eines denkenden Mitten-unter-Dingen-Seins, *In-medias-res*-Seins, das Kracauer am Ende seines Lebens, in *History* (S. 192), in den Worten „to think *through* things" verdichten wird.

nur damit sie dann durch die Hintertür des Paradoxons wieder hereinkommt. Anders gesagt: Politik ist nicht loszuwerden.[106] Allerdings geht es um eine Politik, eine Politik der Architektur, die (nach dem Durchgang durch das *nonsolutionale* Argument) nicht das Unternehmerische oder *social engineering* als Modell hat. Die nunmehr hervorgehobene Politik ist eine indirekte, die nicht beansprucht, sie wäre direkt am Ort des ‚Gesellschaft-Machens' situiert und somit ähnlich oder nahe zu Institutionen des Regierens. Diese indirekte Politik der Architektur und Planung, deren *Ausrichtung* auf eine Gesellschaftsgestaltung, die Macht ausübt, nicht in Form von Herrschaft, sondern in Form von Agency, popularer Agency zumal, mitunter auch im Bündnis mit Institutionen – das nennen wir *just architecture*. Im Doppelsinn von „just": *nur* Architektur und *gerechtigkeitsorientierte* Architektur.

Es ist doch nur Architektur, *just architecture*: Alles, was Architektur kann, ist quasi ein zu kleiner Fußballplatz (um das Gefängnishof-Beispiel von S. 50 ff. aufzugreifen). Die Einsicht, dass ‚man ja nur Architektur macht', nicht die Gesellschaft neu gestaltet, nicht ihre Probleme ein für alle Mal löst etc., solche Selbstzurücknahme ist etwas Aktives, aktive Passivität, wenn sie mehr ist als bloße Bescheidenheit; wenn sie vielmehr der Einrichtung von Einsprüchen und Andockpunkten für Kollaborationen dient.

106 Wie Rittel und Webber schreiben: „Planung ist ein Bestandteil von Politik. Dieser Wahrheit kann niemand entkommen." (Rittel, Webber, „Dilemmas in einer allgemeinen Theorie der Planung", S. 35.) Das Moment der *Wahrheit*, das über eine wenig sagende Binsenweisheits-Etikettierung à la ‚Architektur ist politisch' hinausgeht, kommt gerade durch die Feststellung des Nicht-entkommen-Könnens zum Tragen: Durch diese Feststellung ist ja (ähnlich wie, aber deutlicher als bei Kracauers ‚Politik raus und dann doch wieder rein'-Paradox) impliziert, dass viele Leute dem politischen Charakter ihres Tuns *entkommen wollen* – was aber Flucht in den ideologischen Selbstbetrug bedeutet, also ein Gegenteil von Wahrheit. Weiterführend zu Rittel: Jesko Fezer, *Umstrittene Methoden. Architekturdiskurse der Verwissenschaftlichung, Politisierung und Partizipation im Umfeld des Design Methods Movement der 1960er Jahre*, Hamburg 2022, Kap.3.

Aus dem Bewusstsein heraus, was für Architektur nicht möglich ist und was doch möglich werden kann, sollte es in Richtung eines Bezugs zu *mehr* gehen. Gemeint ist nicht ‚mehr Architektur', ‚mehr Macht für die Architektur' etc., sondern wieder *just architecture*, nun eben in einer Orientierung auf Gerechtigkeit (mehr davon) in einem politisierten Bezug zu Gesellschaft.[107] Das meint zum einen Reflexion auf ungerechte Bedingungen von Gesellschaftlichkeit: ein Mehr an Wirklichkeit, Kontext und Kontingenz. Zum anderen meint es Bündnisse mit Bewegungen, aber punktuell auch mit (Bildungs-)Institutionen und Verwaltungen: ein Mehr an politischer Handlungsmöglichkeit und Wirkung in diesen Allianzen. *Just architecture* in beiderlei Sinn, nämlich im Bewusstsein, selbst nicht allzu viel bewegen zu können,[108] *und* im Bewusstsein vom notwendigen Gesellschaftsbezug, bedeutet, dass die Architektur nicht beansprucht, sie wüsste (wie eine Autorität in Sachen Sozialethik), was ‚gerechte' Verhältnisse sind: Die Architektur gibt sich also nicht bescheidwissend – aber auch nicht bescheiden, dort nämlich, wo es um das Angehen gegen merklich und drängend ungerechte Verhältnisse geht (und wo ethisch nobler „Verzicht auf eine Lösung" keine Option sein kann).

107 Unsere Auffassung unterscheidet sich von der Position von Nikolaj Schultz, die zunächst ebenfalls auf ein ‚Es ist nur Architektur, aber sie kann doch mehr' hinausläuft. Schultz' Öko-Soziologie verordnet nämlich der Architektur angesichts der planetaren Klimakrise einerseits eine „Ethik" der „Reflexivität" und „Demut", schreibt ihr aber anderseits eine nicht zu unterschätzende „transformative Kraft" zu. Er tut dies allerdings im Wege einer Reduktion von Politik auf die Konstruktion von „Affekten für die Ökologie", wobei Architektur als „ästhetisches Schaffen" fungiert, zum Zweck der „Übertragung von Empfindsamkeit", „um die Erde, die unter unseren Füßen bebt, zu spüren und neu zu denken". Klimaschonende Um-Bauwirtschaft, solidarische Wohnplanung, gerechte Stadtgestaltung und architektonisches Handeln in egalitaristischen Bündnissen treten gegenüber Schultz' Fokus auf Ethik und Ästhetik in den Hintergrund. Vgl. Nikolaj Schultz, „Architektur in unserem neuen Klimaregime", *Bauwelt* 11/2024, S. 14.

108 Die Architektur kann allerdings auf jeden Fall viel *anrichten*, und sie ist auch dafür verantwortlich (rechenschaftspflichtig).

Es geht um die Notwendigkeit, dass Architektur (und selbstverständlich auch andere Tätigkeitsfelder), um zu handeln – politisch zu handeln, in Allianzen mit demokratischen Bewegungen wie auch mit Institutionen eintreten und dabei jeweils Ansprüche und Kompromittierungen gegeneinander abwägen muss: Dies anerkennend verbleibt Architektur in *nonsolution* – *nicht gelöst*, nicht von anderen abgelöst, nicht ‚verabsolutiert' (*absolute*), also nicht ausdefiniert im Zeichen einer Identität als Disziplin und der allfälligen Sorge um diese. Architektur ist in ihrem politischen Anspruch, ihrem Gerechtigkeitsanspruch ‚außer sich', auf ein Außen verwiesen.[109]

Architektur ist nicht gelöst. Auch diese Nichtlösung, unsere abschließende *nonsolution*, ist eine Frage von aktivem Tun, kein Automatismus. Mensch kann die Bezogenheit von Architektur auf Politik verwerfen und quasi sagen: ‚Ich habe doch mit Politik nichts zu tun'. Oder mensch kann sich für eine bewusste Ausübung dessen, was an Architektur politisch ist, entscheiden. Diese Wahl steht offen, sie zu treffen steht an – und wofür, ist wohl klar.

109 Till sagt dies hochverdichtet schon im Titel seines um die Kontingenz der Architektur kreisenden Buches *Architecture Depends*.

Bildteil

Eines von sieben Schwimmbädern auf dem Dach des Wohnparks Alt-Erlaa, Wien → S. 34. Foto: Gili Merin

Fußballplatz, *Draußen im Gefängnis*, Krems → S. 50
Foto: Gabu Heindl

Das Vierte Drittel, Nordbahnhof, Wien → S. 52
Foto: Michael Krebs, Montage: Gabu Heindl, Can Gülcü

Dachterrasse, Gymnasium Zehnergasse, Wiener Neustadt → S. 62
Foto: Lisa Rastl

WESTANSICHT

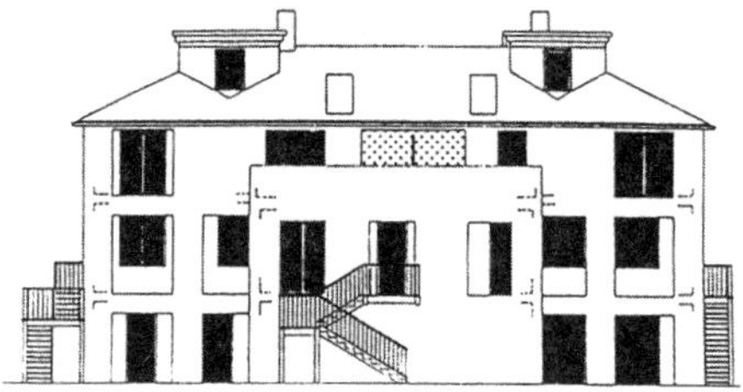

SÜDANSICHT

OSTANSICHT

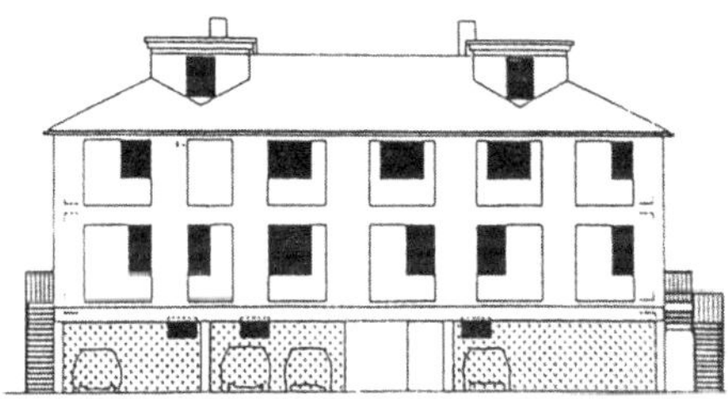

NORDANSICHT

Ansichten, Wohnbebauung Brunner Gasse, Wien → S. 63
Zeichnung: Hermann Czech, Architekturzentrum Wien, Sammlung

The Monument May Be a Forest, Warschau → S. 64
Montage: Eduard Freudmann, Gabu Heindl

Place Léon Aucoc, Bordeaux → S. 75
Foto: Lacaton & Vassal

Protest-Einreichungen, Wettbewerb PPP-Schulcampus, Wien → S. 76
Montage: ig architektur

KF kommerzielle Fläche

EN Erholungsnutzung

ER Ermöglichungsraum

ER Ermöglichungsraum
Sicht Anlage freihalten

bestehende Pachtfläche
kommerzielle Nutzung

FZ Freihalten Zugänge

FZw Freihalten Wasserzugänge

FA Freihalten Sicht Anlage

BF Bewegungsfläche

BFa Bewegungsfläche Abstand

ÜW Überstand Wasserkante

RF Restfläche

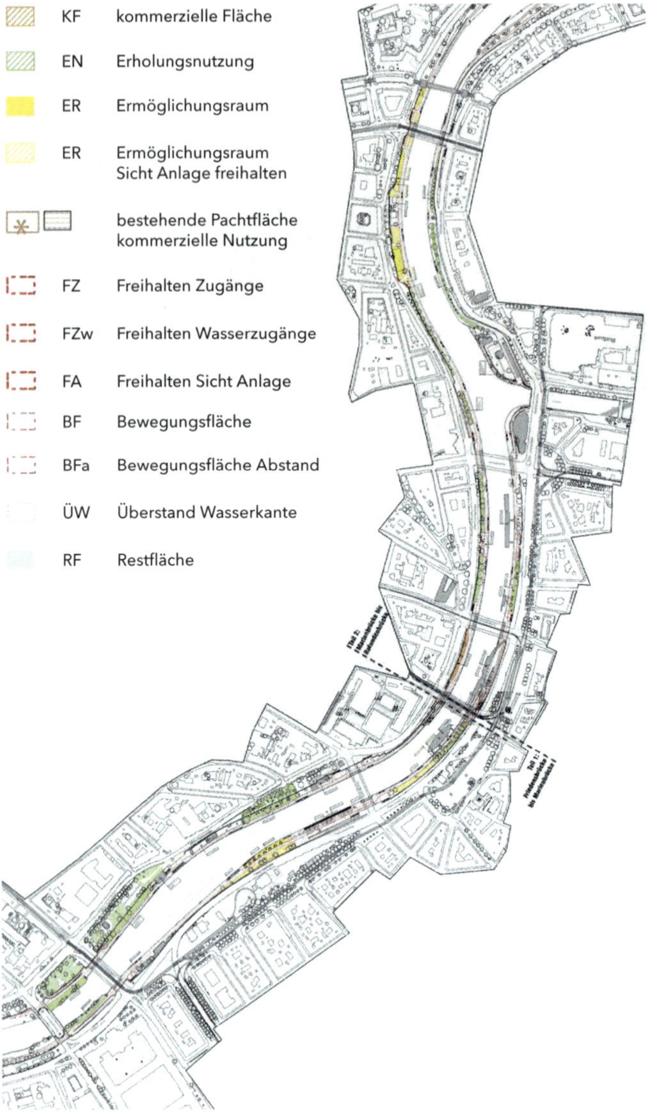

Nichtbebauungsplan, Donaukanal, Wien → S. 77
Zeichnungen: Gabu Heindl, Susan Kraupp

Protest auf der Donaukanalwiese, Wien 2015 → S. 79
Foto: Donaucanale für alle

Literaturverzeichnis

Arendt, Hannah, *The Origins of Totalitarianism* [1951/1967], London 2017.

Dies., *Vita activa oder Vom tätigen Leben* [1958/1967], München, Zürich 2002.

Banham, Reyner, Paul Barker, Peter Hall, Cedric Price, „Non-Plan: an Experiment in Freedom", *New Society* 13 (1969), 338.

Baumann, Birgit, „Katrin Lompscher: Linke Ostfrau lehrt Vermieter das Fürchten", *Der Standard* 28.8.2019.

Blythe, Mark, Kristina Andersen, Rachel Clarke, Peter Wright, „Anti-Solutionist Strategies: Seriously Silly Design Fiction", 2016, https://www.researchgate.net/publication/301931154_Anti-Solutionist_Strategies_Seriously_Silly_Design_Fiction

Brand, Ulrich, Markus Wissen, *Imperiale Lebensweise. Zur Ausbeutung von Mensch und Natur im globalen Kapitalismus*, München 2017.

Braunstein, Nicole, „Ich will einen Lohn!", *Der Standard* 4./5.5.2024.

Burckhardt, Lucius, *Wer plant die Planung? Architektur, Politik und Mensch*, Berlin 2004.

Ders., *Der kleinstmögliche Eingriff*, Berlin 2013.

Candeias, Mario, „Szenarien grüner Transformation", in: Michael Brie (Hg.), *Futuring. Perspektiven der Transformation im Kapitalismus über ihn hinaus*, Münster 2014.

Chandra, Rajshree, „Rule by Law and the Making of Authoritarian Democracies", *IWM post* 130, 2022.

De Carlo, Giancarlo, „Architecture's public" [1970], in: Peter Blundell-Jones, Doina Petrescu, Jeremy Till (Hg.), *Architecture and Participation*, New York 2005.

Deleuze, Gilles, *Bergson zur Einführung* [1966], Hamburg 1989.

Ders., *Differenz und Wiederholung* [1968], München 1992.

Ders., *Logik des Sinns* [1969], Frankfurt / M. 1993.

Ders., *Das Bewegungs-Bild. Kino 1* [1983], Frankfurt / M. 1989.

Deleuze, Gilles, Claire Parnet, *Dialoge* [1977], Frankfurt / M. 1980.

Derrida, Jacques, *Gesetzeskraft. Der „mystische Grund der Autorität"* [1990], Frankfurt / M. 1991.

Dzudzek, Iris, „Die ‚Lösung des Problems' oder das ‚Problem der Lösung'? Eine kritische Betrachtung transdisziplinärer urbaner Labore und Experimente", *Geographische Zeitschrift* 112, 1/2024 (DOI 10.25162/gz-2024-0005).

Emcke, Carolin, *Was wahr ist. Über Gewalt und Klima*, Göttingen 2024.

European Commission, *Towards an EU Research and Innovation policy agenda for Nature-Based Solutions & Re-Naturing Cities*, 2015, https://www.greenpolicyplatform.org/sites/default/files/downloads/resource/Guarnacci_Nature-Based%20Solutions.pdf

Fainstein, Susan, *The Just City*, London, Ithaca 2010.

Federici, Silvia, „Wages against Housework" [1975], in: dies., *Revolution at Point Zero. Housework, Reproduction, and Feminist Struggle*, Oakland 2012.

Fezer, Jesko „Die Nicht-Lösung problematischer Probleme in der Wirklichkeit", in: ders., Studio Experimentelles Design (Hg.), *Öffentliche Gestaltungsberatung – Public Design Support 2011–2016*, Berlin 2016.

Ders., *Umstrittene Methoden. Architekturdiskurse der Verwissenschaftlichung, Politisierung und Partizipation im Umfeld des Design Methods Movement der 1960er Jahre*, Hamburg 2022.

Fitz, Angelika, Elke Krasny (Hg.), *Critical Care. Architecture and Urbanism for a Broken Planet*, Wien, Cambridge, MA 2019.

Heindl, Gabu, *Stadtkonflikte. Radikale Demokratie in Architektur und Stadtplanung*, Wien 2020.

Dies., *Working Women Wohnen. Wohn-, Arbeits- und Alltagsraum-Konzept für Frauen*: solidarisch, leistbar, leiwand.* Forschungsbericht im Auftrag der Magistratsabteilung 50, Referat Wohnbauforschung und internationale Beziehungen, Wien 2020.

Heindl, Gabu, Drehli Robnik, „Smart City, was sonst? Aber wie und für wen? Ein neues Label für denselben alten Wettbewerb", *Augustin* 419, 2016, https://www.academia.edu/28749543

Heindl, Gabu, Drehli Robnik, „(Non)Building Alliances: Approaching Architectural Politics through Siegfried Kracauer's Concept of Nonsolution", in: Friederike Landau, Lucas Pohl, Nikolai Roskamm (Hg.), *[Un]Grounding: Post-Foundational Geographies*, Bielefeld 2021.

Holmes, Rob, „The Problem with Solutions: We need to engage troubled landscapes without presuming to fix them. Notes toward a history of non-solutionist design", *Places*, Juli 2020, https://placesjournal.org/article/the-problem-with-solutions/

Honneth, Axel, *Die Idee des Sozialismus. Versuch einer Aktualisierung*, Berlin 2015.

Horkheimer, Max, Theodor W. Adorno, *Dialektik der Aufklärung. Philosophische Fragmente* [1944], Frankfurt / M. 1969.

Jaeggi, Rahel, *Fortschritt und Regression*, Berlin 2023.

Kracauer, Siegfried, „Die Wartenden" [1922], in: ders., *Das Ornament der Masse*, Frankfurt / M. 1963.

Ders., „Deutscher Geist und deutsche Wirklichkeit" [1922], in: ders., *Werke*, Bd. 5.1, Berlin 2011.

Ders., „Die Notlage des Architektenstandes" [1923], in: ders., *Werke*, Bd. 5.1, Berlin 2011.

Ders., „Das neue Bauen. Zur Stuttgarter Werkbund-Ausstellung ‚Die Wohnung'" [1927], in: ders., *Werke*, Bd. 5.2, Berlin 2011.

Ders., „Das Ornament der Masse" [1927], in: ders., *Das Ornament der Masse*, Frankfurt / M. 1963.

Ders., „Thomas Mann geleitet. Zu der Serie ‚Romane der Welt'" [1927], in: ders., *Werke*, Bd. 5.2, Berlin 2011.

Ders., *Die Angestellten. Aus dem neuesten Deutschland* [1930], Frankfurt / M. 1971.

Ders., „Über Arbeitsnachweise. Konstruktion eines Raumes" [1930], in: ders., *Straßen in Berlin und anderswo* [1964], Berlin 1987.

Ders., „Gepflegte Zerstreuung. Eine grundsätzliche Erwagung" [1931], in: ders., *Werke*, Bd. 6.2, Frankfurt / M. 2004

Ders., „Akrobat – schöön" [1932], in: ders., *Straßen in Berlin und anderswo* [1964], Berlin 1987.

Ders., „Die Unterführung" [1932], in: ders., *Straßen in Berlin und anderswo* [1964], Berlin 1987.

Ders., *Georg* [fertiggestellt 1934], in: ders., *Werke*, Bd. 7, Frankfurt / M. 2004.

Ders., „Tentative Outline of a Book on Film Aesthetics" [1949], in: *Siegfried Kracauer – Erwin Panofsky Briefwechsel 1941–1966*, Berlin 1996.

Ders., *Theory of Film: The Redemption of Physical Reality* [1960], Princeton 1997.

Ders., *Theorie des Films. Die Errettung der äußeren Wirklichkeit* [1960; dt. 1964], in: ders., *Werke*, Bd. 5, Frankfurt / M. 2005.

Ders., *History. The Last Things Before the Last*, New York 1969.

Ders., *Geschichte – Vor den letzten Dingen* [1969], in: ders., *Werke*, Bd. 4, Frankfurt / M. 2009.

Kundoo, Anupama, „Communal Material", Vortrag am Institut für Kunst und Architektur, Akademie der bildenden Künste Wien, Mai 2024.

Laclau, Ernesto, *Emanzipation und Differenz*, Wien 2002.

Ders., *On Populist Reason*, London, New York 2005.

Lynn, Greg, *Animate Form*, New York 1999.

Marchart, Oliver, *Die politische Differenz. Zum Denken des Politischen bei Nancy, Lefort, Badiou, Laclau und Agamben*, Berlin 2010.

Ders., *Das unmögliche Objekt. Eine postfundamentalistische Theorie der Gesellschaft*, Berlin 2013.

Marcuse, Peter, „Neutralizing Homelessness", *Socialist Review* 88/1, 1988.

Montero, Sergio, „Leveraging Bogotá: Sustainable Development, Global Philanthropy and the Rise of Urban Solutionism", *Urban Studies* 57 (2020), 11.

Morozov, Evgeny, *To Save Everything, Click Here: The Folly of Technological Solutionism*, New York 2013.

Murgia, Michela, *Faschist werden. Eine Anleitung* [2018], Berlin 2019.

Novotny, Maik, „Wer macht hier Schule?", *Falter* 6, 2016.

Rancière, Jacques, *Das Unvernehmen. Politik und Philosophie* [1995], Frankfurt / M. 2002.

Raunig, Gerald, *Dividuum. Maschinischer Kapitalismus und molekulare Revolution* Bd. 1, Wien, Linz 2015.

Redecker, Eva von, *Revolution für das Leben. Philosophie der neuen Protestformen*, Frankfurt / M. 2020.

Rittel, Horst W. J., „The Reasoning of Designers", Arbeitspapier zum International Congress on Planning and Design Theory, Boston, August 1987, https://mafiles.maxfrischknecht.ch/media/pages/documentation/problem-oriented-design/1854400224-1613052907/rittel_the_reasoning_of_designers_university_of_california_berkeley.pdf

Rittel, Horst, *Die Denkweise von Designern* [1988], Hamburg 2023.

Rittel, Horst W., Melvin M. Webber, „Dilemmas in einer allgemeinen Theorie der Planung", in: Horst W. Rittel, *Planen, Entwerfen, Design: Ausgewählte Schriften zu Theorie und Methodik*, Stuttgart 1992.

Ritter, Markus, Martin Schmitz, „Vorbemerkung der Herausgeber", in: Lucius Burckhardt, *Der kleinstmögliche Eingriff*, Berlin 2013.

Robnik, Drehli, „DemoKRACy: Siegfried Kracauers Film-Theorie als Politik der *nonsolution*", in: Sabine Biebl, Helmut Lethen, Johannes von Moltke (Hg.), *Siegfried Kracauers Grenzgänge. Zur Rettung des Realen*, Frankfurt / M., New York 2019.

Ders., *Flexibler Faschismus. Siegfried Kracauers Analysen rechter Mobilisierungen damals und heute*, Bielefeld 2024.

Schultz, Nikolaj, „Architektur in unserem neuen Klimaregime", *Bauwelt* 11/2024.

Seel, Martin, *Aktive Passivität. Über den Spielraum des Denkens, Handelns und anderer Künste*, Frankfurt / M. 2014.

Seidl, Conrad, „KPÖ besetzt das Thema Wohnen", *Der Standard* 26.2.2024.

Spivak, Gayatri Chakravorty, „Can the Subaltern Speak?" [1988], in: Cary Nelson, Larry Grossberg (Hg.), *Marxism and the Interpretation of Culture*, Urbana, IL 1998.

Tedjasukmana, Chris, „Die Erfahrung verlorener Möglichkeiten. Kracauer, Benjamin und die queere Geschichtsschreibung des Kinos", in: Drehli Robnik, Amália Kerekes, Katalin Teller (Hg.), *Film als Loch in der Wand. Kino und Geschichte bei Siegfried Kracauer*, Wien, Berlin 2013.

Till, Jeremy, *Architecture Depends*, Cambridge, MA 2009.

Zupančič, Alenka, "Identity, Politics, Desire", in: Ivo Ritzer (Hg.), *On the Critique of Identity*, Berlin 2024.

Über die Autor:innen

Gabu Heindl ist Professorin und Leiterin des Fachgebiets ARCHITEKTUR STADT ÖKONOMIE | Bauwirtschaft und Projektentwicklung an der Universität Kassel. Als Architektin und Stadtplanerin betreibt sie das Büro GABU Heindl Architektur in Wien. Sie praktiziert, forscht und publiziert mit dem Fokus Wohnen, öffentlicher Raum und Verteilungsfragen in Architektur und Stadtplanung. Zuletzt erschienene Monografie: *Stadtkonflikte. Radikale Demokratie in Architektur und Stadtplanung* (2020) und der Studienbericht: *Gerechte Stadt muss sein!* (2022).

Drehli Robnik ist Essayist und Theoriedienstleister in Sachen Politik, Film und Geschichte sowie Edutainer und Musikveranstalter (Sonntag'sdisco). (Mit-)Herausgeber von Büchern zu Siegfried Kracauer, zu den X-Men und (2022, mit Joachim Schätz) zu Männergewalt im *domestic thriller*. Autor von Monografien zu Anti-Nazi-Widerstand, Jacques Rancière, Kontrollhorrorkino, Pandemie-Spielfilm sowie zu populärem Kino und Politik. Zuletzt: *Flexibler Faschismus. Siegfried Kracauers Analysen rechter Mobilisierungen damals und heute* (2024).

adocs
Produktion und Verlag gGmbH
Annenstraße 16
20359 Hamburg
https://adocs.de

Coverbild: Gabu Heindl
Gestaltung: Ina Römling
Lektorat: Joachim Schätz, Jan-Frederik Bandel
Bildbearbeitung: Heiko Neumeister
Druck und Bindung: GPS group, Slovenia
ISBN: 978-3-943253-82-5

3. Auflage 2026

Die Deutsche Nationalbibliothek verzeichnet diese Publikation in der Deutschen Nationalbibliografie. Ausführliche bibliografische Daten sind unter https://dnb.de abrufbar.